한 컷의
인문학

거대한 지식을 그림으로 잘게 썰어보기

한 컷의

권기복 지음

사랑 | 돈 | 계급 | 자유

인문학

whale books

인문학이라는 밥에

그림이라는 고명을 얹어서

누구나 삶의 슬럼프를 겪는다. 그리고 슬럼프에는 제각각 이유가 있다. 내 삶에서 성실히 줄어드는 숫자는 통장 잔고요, 늘어가는 숫자는 나이밖에 없을 때, 내가 딱히 못 나가는 건 아니지만 주변 사람들이 전부 잘 나가는 것처럼 보일 때, 하던 게임이 좀처럼 다음 단계로 넘어가지 않을 때 등등.

　나 역시 슬럼프에 허우적대던 시절이 있었다. 마음의 안정을 찾기 위해 인문서, 심리서, 자기계발서, 잠언 등을 닥치는 대로 읽어나갔다. 그리고 이 책 제목 자체가 스포일러고 닫힌 결말이지만, 가장 효능감이 좋았던 분야는 단연 '인문학'이었다.

사실 모든 사람이 나처럼 인문학으로 효과를 볼 수 있는 것은 아니다(그럴 필요도 없다). 나는 내가 직관적이지 못한 사람이기 때문에 인문학과 반응할 수 있었다고 생각한다. 직관적이지 못한 사람은 도무지 느낌이나 촉이라는 것을 믿지 못한다. 내면의 깊은 차원에서 들리는 목소리를 애써 외면하고 의심에 의심을 거듭하다가 어떠한 판단이나 행동에도 이르지 못하는 것이다. 귀라도 얇으면 사는 게 좀 편하련만 만족할 만한 검증을 거치지 않은 말은 좀처럼 신뢰하지 않는다. 그렇게 제 자신도 못 믿고 남도 못 믿는 비직관형 인간은 삶의 슬럼프에 취약할 수밖에 없다.

내 경험에 따르면 인문학은 그런 유형의 인간에게 '이론'이라는 동아줄을 내려줄 수 있다. 과학철학자 장하석은 '이론'을 한마디로 '인간의 직관을 만족시켜주는 설명'이라고 말했다. 그렇다. 눈이 안 좋은 사람은 안경을 쓰고, 귀가 잘 안 들리는 사람은 보청기를 끼듯이 직관이 안 좋은 사람은 이론의 도움을 받아 어떻게든 제 앞길을 헤쳐 나가면 된다. 다른 건 못 믿으면서 이론은 어떻게 믿느냐고? 이론은 특정 개인의 주장이나 의견이 아닌, 인간 보편이성이 합의를 위해 최선을 다한 결과물이기 때문이다.

인문학 공부를 통해 내가 얻고자 하는 바는 하나의 자명한 진리나 결론이 아니다. 오히려 내 안에서 파생되는 수많은 인문학적 명제들을 만나기 위함이다. 우리가 살면서 맞닥뜨리는 어려움은 그간 정성스레 마련해둔 명제들을 주섬주섬 꺼내 대입해보는 과정에서 자연스럽게 극복할 수 있다. 더불어 우호적이거나 길항하는 명제들이 내 안에서 각축을 벌이는 동안 나도 모르게 나만의 관점이 형성된다. 그 치열함이 흔적으로 남아 '지성'이 되는 것은 보너스다.

이 책에서 나는 평소 내가 궁금했던, 더불어 현대를 살아가는 사람들이 고민하면 좋을 주제와 이론을 정리해 소개했다. 목차를 보면 알겠지만 꽤 거창한 주제들이다. 거대해 보이기는 하나 살면서 한 번쯤은 마음먹고 파볼 만한 주제이기도 하다. 한 번에 깊게 파지는 못하더라도 어떻게든 첫 삽을 떠 놓으면 인생 어느 지점에서 반드시 다시 마주하게 될 것이다. 그리고 '아! 예전에 파 놓았던 것이 있었지?' 하며 두 번째 삽을 뜰 수 있다. 중요한 것은 파내려간 만큼 내 경험과 사유를 채워 넣을 수 있다는 점이다.

그러나 지식이라는 것이 때로는 첫술에 배부르기는커녕 단 한 톨만으로도 소화불량을 일으킬 여지가 있다. 인문학에 대한 정수를 맛보기도 전에 거부감부터 생기는 건 아쉬운 일이다. 생활인문인인 내가 도움이 될 수 있을 거라고 생각한 이유도 여기에 있다. 책장을 넘겨보면 알겠지만 소화가 잘되게끔 거대한 지식을 잘게 썰어 놓았다. 그리고 그 옆에 고명처럼 관련 그림을 그려 넣었다. 글에 대한 부연설명일 수도 알레고리일 수도 있다. 글에 그림을 곁들여 삼켜보자. 목 넘김이 한결 부드러워 다음 문단으로 나아가기가 수월할 것이다.

이 책을 통해 우리 안에 다양한 인문학적 사유가 발생하길 바란다. 그 과정에서 개별 명제가 두꺼워지고 섬세해지면 좋겠다. 다

만 이들이 두꺼워지다 못해 반박불가한 하나의 '공리公理'로 통합
되지 않았으면 한다. 삶의 슬럼프에 빠져 허우적댈지라도 그곳에
서 명제를 길어 올릴 만큼의 지성적 여유가 확보되길, 나아가 나의
공부가 당신의 공부가 되고, 당신의 공부가 나의 공부가 되길 간절
히 바란다.

2020년 가을
권기복

차례

01

지금 시대에
사랑은
가능한가

오늘날 많은 이들이 성애를 동반한 남녀 간의 사랑을 냉소적으로 바라본다. 먹고살기만도 바빠 죽겠는데 돈 쓰지, 시간 쓰지, 상처 받지, 사랑에까지 투자할 에너지가 부족하다는 이유다. 또 사랑을 쏟을 만한 대상을 찾기 어렵다는 이유도 한몫할 듯하다. 주위를 둘러봐도 어째 그리 맘에 드는 사람이 없는지. 누군가와 함께하는 게 혼자 지내는 것보다 딱히 나은 것 같지 않다. 그렇다면 이렇게 된 마당에 굳이 사랑을 할 필요가 있을까?

그럼에도 사랑을 연구하는 많은 학자들은 사랑이 우리 시대에 삶의 의미를 길어 올리는 몇 안 되는 숭고한 행위라고 이야기한다. 그렇기에 사랑을 포기해서는 안 된다는 것이다.

사랑이란 무엇인가?

사랑이란 도대체 무엇일까? 플라톤Platon이 쓴 《향연》에 따르면 인간은 원래 두 개 몸이 하나로 붙어서 태어났다고 한다. 이 때문에 인간은 정서적으로 자족하고, 합심한 두뇌로 뛰어난 지혜를 발휘할 수 있었다. 쉽게 말해 1+1인 가성비 좋은 존재인 것이다.

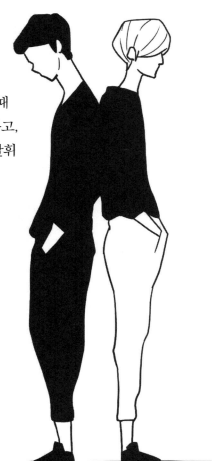

뛰어난 능력은 때로 저주가 되기도 한다. 인간은 자신의 능력을 과신하며 날이 갈수록 기고만장해졌고, 자기를 만든 신을 우습게 여기기 시작했다. 결국 인간은 두 개의 몸으로 갈라지는 형벌을 받고만다. 있던 것이 없어지고 나면 그 결핍이 더욱 크게 느껴지는 법. 이때부터 인간은 나머지 반쪽을 찾기 위해 일생을 헤매는 '사랑의 노예'가 되었다.

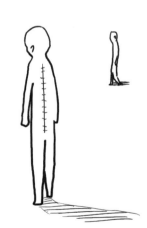

이는 인간이 자신의 불완전함을 극복하기 위해 다른 사람과의 결합을 갈구한다는 사랑에 관한 직관적인 설명이다. 같은 맥락으로 《사랑의 기술》을 쓴 에리히 프롬Erich Pinchas Fromm 역시 인간은 실존적으로 분리를 두려워하는 존재이기 때문에 타인과의 결합을 강렬하게 추구한다고 보았다.

이러한 결핍 이론에 따르면 사랑을 하는 두 대상이 어떤 결핍을 가지고 있는지에 따라 사랑의 형태는 천차만별로 달라진다. 서로가 원하는 것이 육체적 쾌락인지, 정신적 만족인지, 혹은 둘 다인지, 둘 다라면 얼마만큼의 비율인지에 따라 사랑의 형태는 무한히 늘어날 수 있다. 무수한 사랑 이야기와 노래가 끊이지 않고 흘러나오는 이유다.

반면 에리히 프롬은 '차이'와 '결핍'이 두 사람을 강렬하게 끌어당기는 힘인 동시에 권력의 불균형을 자아내고 때로는 가학적 지배 도구가 될 수 있다고 엄중히 경고한다.

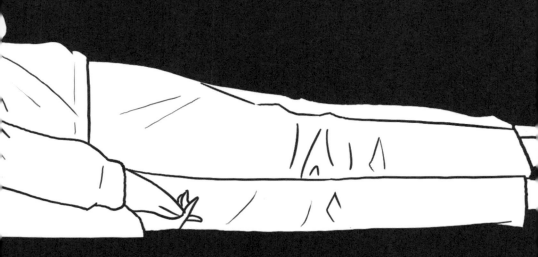

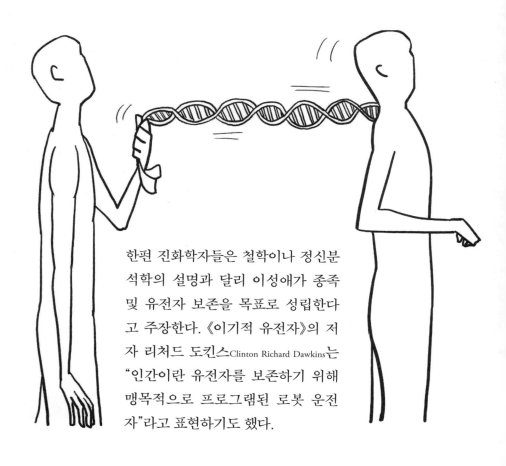

한편 진화학자들은 철학이나 정신분석학의 설명과 달리 이성애가 종족 및 유전자 보존을 목표로 성립한다고 주장한다. 《이기적 유전자》의 저자 리처드 도킨스Clinton Richard Dawkins는 "인간이란 유전자를 보존하기 위해 맹목적으로 프로그램된 로봇 운전자"라고 표현하기도 했다.

성관계에 따르는 쾌감도 유전자 보존을 위한 유인 요소라는 것.

사랑에 관한 역사적 설명도 있다. 바로 사랑이라는 감정에 대한 흔적이 매우 긴 시간 동안, 또 매우 광범위하게 발견되었다는 것이다. 이는 사랑이 인류의 보편적인 행위이자 감정이라는 확실한 증거다.

기원전 고대 이집트 유물에서도 연애시가 발견되었다.

"멜라네시아인에게든 유럽인에게든
사랑은 하나의 열정이다.
그것은 몸과 마음에 많든 적든 고통을 주며
수많은 곤경과 스캔들과 비극을 가져오지만,
간혹 삶을 밝히고 마음을 넓히며
기쁨이 흘러넘치게 하기도 한다."

- 브로니슬라프 말리놉스키(인류학자)
  《현대사회의 성 사랑 에로티시즘》, 앤서니 기드슨, 75쪽 재인용

현대는 사랑을
어떻게 변화시켰나? _____

고대 이집트에서 연애시가 발견되었다지만 그때와 지금 시대의 사랑은 그 형식이 판이하게 다르다. '현대'라고 규정지어진 우리 시대는 봉건적 질서도, 전통에 의한 강한 결속도, 종교의 장악력도 없다. 따라서 사랑 역시 오직 인간의 자유 의지에 따라 결정된다.

모든 시대의 사회 구조는 알게 모르게 사랑을 하는 데 영향을 끼친다. 그렇다면 현대의 사회 구조는 어떤 방식으로 사람들에게 영향을 줄까? 사회학자 울리히 벡Ulrich Beck과 엘리자베트 벡-게른샤임 Elizabethe Beck-Gernsheim 부부의 저서 《사랑은 지독한 (그러나 너무나 정상적인) 혼란》에서 소개된 소설 속 한 장면을 보자.

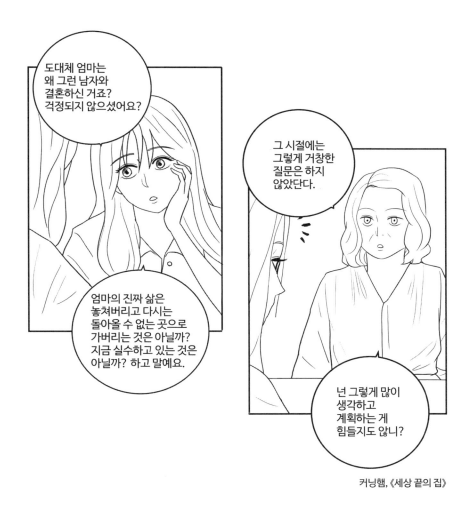

커닝햄, 《세상 끝의 집》

그림 속 엄마의 말처럼 과거에는 사랑을 하는 데 복잡한 질문이 필요하지 않았다. 공동체의 네비게이션이 잘 구축되어 있어 미래가 예측 가능했으며, 개인은 잘 포장된 도로를 따라 걸어가기만 하면 됐기 때문이다.

다시 말해 현대 이전의 사회는 좁은 마을이라는 테두리 안에 개인을 가두고 그들의 역할과 한계를 일일이 지정해 자유를 억압했지만, 그 갑갑함 이면에는 의외의 장점도 있었다는 것이다. 바로 견고한 질서에 대한 익숙함과 그로부터 보호받고 있다는 느낌 그리고 커다란 흐름과 연결되어 있다는 일체감이다. 이러한 공동체에 속해 있는 개인은 웬만해서는 혼자라는 생각이 들지 않는다.

반면 오늘날은 하나부터 열까지 모든 것을 스스로 결정하고 그에 대한 책임을 져야 하는 이른바 '무한 책임'의 시대다. 현대는 이성의 힘으로 신비함을 해체하고, 과학 기술로 자연을 제어함으로써 안전을 확보하고 빈곤을 해결했다. 그러나 이 과정에서 소속감과 안정감을 잃게 되었다.

이를 두고 독일의 사상가 막스 베버Max Weber는 '탈마법화'라고 명명
했다. 탈마법화된 세상에서 사람들은 이성 이외에 그 어떤 것도 믿
지 않는다. 따라서 초월적이며 숭고한 것에 자신의 인생을 걸지 않
는다. 이는 '사랑'에서도 마찬가지다. 목숨을 거는 낭만적 사랑은
손발이 오글거리는 하찮은 일로 취급되었다.

사랑은 생물학, 신경과학, 정신분석학, 심리학, 뇌과학
등으로 분석이 가능해졌다.

그렇다면 이렇게 모든 것이 설명 가능한 시대에
어째서 현대인은 매 순간 불안을 느끼는 걸까?

답은 간단하다. 설명이 가능할 뿐이지 예측은
불가능하기 때문이다. 오히려 예측이 가능하지
않다는 것만 설명할 수 있는지도 모르겠다.

노동 시장의 유연화로 평생직장이라는 개념이 사라지자 경제적 미래가 불투명해졌다. 또 자연이든 사회든 거대한 흐름이 자아내는 위험이 개인에게 전가되면서 작은 실패에도 삶이 송두리째 흔들리고 만다. 이 때문에 앞서 등장한 소설 속 딸처럼 집요하고 정교한 질문을 통해 실패에 미리 대비해야 한다. 이른바 실패에 대한 예방 접종인 셈이다.

한편 이러한 예방 접종은 연인을 선택할 때도 매우 중요하게 작용한다.

고도의 기술로
선택되는 사랑 _____

오늘날 '선택'은 고도의 기술로 취급된다. 사랑의 사회학자라 불리는 에바 일루즈Eva Illouz는 선택을 '선호도에 따라 좋아하는 단계를 정한 다음 모순 없이 행동하는 능력'으로 정의했다.

사랑에 관해서라면,

외모

인격

라이프스타일

직업

학력

뭐가
많네...

성격

성적 기호

정치 지향

경제력

취미

감수성

이는 합리적 소비를 할 때와 마찬가지로 종합적이고 계획적인 사고력을 필요로 한다. 특히 결혼에 시장의 성격이 가미되면 선택은 더욱 중요한 가치를 갖게 된다. 선망받는 직업, 높은 연봉, 빼어난 미모 등 사회적으로 인정받는 조건을 가진 배우자와 맺어지게 되면 좋은 거래, 훌륭한 선택을 한 것으로 인정받게 되므로, 이 선택 행위에 에너지를 대거 투자할 수밖에 없다.

이렇게 사랑이 사회적 능력으로 받아들여진다면 사랑의 실패 역시 능력의 상실로 여겨질 것이다. 즉, 에바 일루즈가 그의 저서 《사랑은 왜 아픈가》에서 주장하듯 사랑에 자존감이 강력하게 연동되는 것이다.

그 결과, 늘 사랑 앞에서

거부당하면
어떡하지?

사랑에 실패한다면,

난 무능력자야.
난 매력이 없어.

사랑과 자존감의 관계에서 잊지 말아야 할 것은 고도의 선택 기술이 나에게도 적용된다는 점이다. 프로이트Sigmund Freud식으로 표현하면 '리비도Libido'가 바깥이 아닌 나를 향함으로써 나르시시즘과 우울증으로 빠질 가능성이 커진 것이고, 사회합리적으로 표현하자면 내가 가진 매력과 타인의 것을 비교함으로써 자존감의 상승, 하락 곡선이 그려지는 것이다.

미디어에서 비춰지는 이상화된 이미지의 폭격을 맞고
만성 불만족과 실망을 안고 살게 된다.

과거에는 사랑의 아픔을 자기 안으로 받아들이고 성장한다는 삶의 보편적 서사가 있었다면, 이제 사랑의 아픔은 필사적으로 피해야 하는 것이 되었다.

사랑은 이제 어쩔 수 없이 나의 자존감을 걸고 뛰어들어야 하는 영역이, 실연은 삶을 뒤흔드는 재앙이 되었다.

실패와 아픔은 자아를 좀먹는다.
다시 일어서기 힘든 세상이니까.

이제 실패를 두려워하는 만큼 진지한 사랑을 하려는 사람은 점차
줄어들고 있다. 타인을 사랑하느라 에너지를 소비하느니 그 시간
에 스스로를 사랑하는 게 더욱 합당하다고 여기게 된 것이다. 이른
바 나르시시즘의 시대가 도래했다.

섹시한 사람을 원합니다 _____

울리히 벡은 현대의 개인화를 '소비자 의식'과 '자기 확신'의 혼합물이라 정의했다. 자기 확신이란 삶의 불확실성을 개인의 소신대로 뚫고 나가고, 비일관성을 있는 그대로 받아들이는 대신 유쾌한 냉소로 그것을 극복하는 것이다.

장애물을 만나면 유연하게 피해가는 것이 현대의 능력 있는 인간상 아니겠습니까?

이러한 '쿨한' 인간에게 열정을 동반한 사랑은 스마트한 삶의 방식으로 받아들여지지 않는다.

다른 이에게 자아를 송두리째 빼앗겨버리면 여기가 어디인지, 나는 누구인지 알지 못한 채 헤롱헤롱거리게 되고, 자기 확신은 저 세상 너머로 사라지고 만다.

또 소비자 의식이 충만한 현대인은 자본주의 상품 경제의 명령, 즉 자기 욕망에 충실할 것을 요구받는다. 더욱이 이 욕망은 성적 상징과 긴밀히 연결되어 있는데. 자본주의 사회의 기업들은 인간의 말초 신경을 자극할수록 구매율이 올라간다는 사실을 잘 알고 그것을 적극 활용한다.

화장품이나 의류 광고, 영화 등에서 성적인 이미지를 활용하는 이유다.

섹시함이란?
— 신체 조건, 말투, 의상 등 성적 욕구를 불러일으키는 코드.

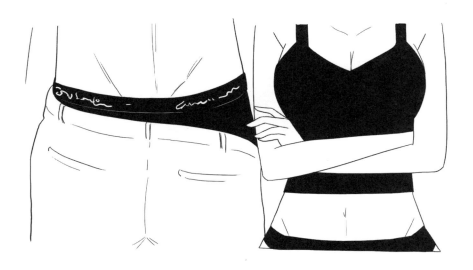

이렇게 성적 상징이 소비 사회의 중요한 요소가 되자, 사회 구조가
다시 한번 사랑의 형태를 급격하게 바꿔놓았다. 바로 연인을 선택
하는 데 있어 성적 매력, 즉 '섹시함'이 큰 비중을 차지하게 된 것
이다. 섹시함이란 누구나 흉내낼 수 있다는 점에서 사랑의 계급적
성격을 지웠다. 그러나 역설적으로 섹시한 매력의 유무에 따라 세
세한 등급이 매겨지면서 새로운 신분적 성격을 갖게 된다.

섹슈얼리티는 법과 도덕에 포획되지 않기 위해 끊임없이 투쟁해왔다.
이는 성적 표현의 자유와 개성의 확보로 이어진다.

섹시함, 광의적 표현으로 '섹슈얼리티'는 현대인의 자유를 갈구하는 감각과 결합해 '원 나이트 스탠드'와 같은 일회성 만남도 거부감 없이 받아들이게 했다. 이제 더 이상 상대방을 오랫동안 지켜보고 원하는 바를 맞춰가는 전통적 형태로만 사랑이 존재하지 않는 것이다.

철학자 한병철은 이러한 경향이 타인을 단지 흥분을 일으키는 대상으로 바라보게 되는, 이른바 사랑의 포르노화로 진행될 수 있다고 지적한다. 이러한 환경에서 서로의 합일을 꿈꾸게 하는 차이가 없어진다는 것은 곧 사랑할 만한 대상이 하나둘 사라지는 것을 의미한다.

이러한 나르시시즘의 경향은 플라톤이 말하는 육체적 쾌락, 충동, 용기, 이성을 모두 포함하는 '에로스Eros'가 종말로 치닫고 있다는 것을 뜻한다.

그러나 그 우려와 별개로 섹슈얼리티의 개인화 및 자유화는 멈추지 않고 계속된다. 심지어 섹슈얼리티와 과학 기술의 결합은 사랑의 패러다임 및 사회 구조에 큰 변화를 가져오게 된다. 특히 시험관 아기와 피임도구의 발명은 섹스 없는 재생산, 재생산 없는 섹스를 가능케 했다. 이 지점부터 여성의 재생산을 중심으로 묶여 있던 가부장적 질서에 균열이 생기기 시작했다.

출산에 얽매이지 않는 섹슈얼리티는
'성 평등'과 다양한 '성적 지향'에 정당한 논리를 제공했다.

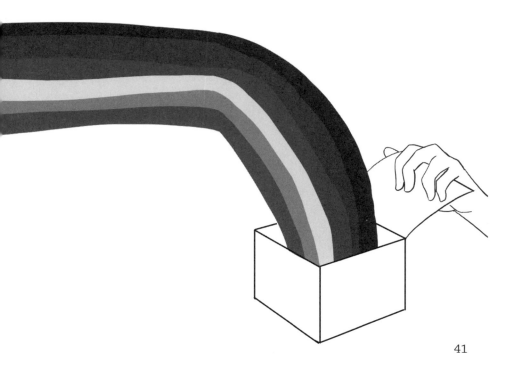

현대 사회에서 이제 '성'이란 자연의 섭리에 따라 수동적으로 주어지는 것이 아니라 인간 스스로가 결정하는 문제가 되었다. 기든스Giddens는 이를 '조형적 섹슈얼리티'라고 명명했다.

사랑,
차이를 횡단하는
둘만의 여정 ————————

현대에 이르러 사랑은 외적 구속에서 벗어나 개인적인 일이 되었다. 이제 더 이상 사랑은 두 가족 사이의 대규모 결합이 아니며, 사랑의 형태 및 내적 규범은 오직 당사자들 간의 협의에 따라 이루어진다. 부모님이나 친구들이 한마디씩 말을 보탤 수 있을지언정 결국 선택은 둘이서 해내야 한다. 둘이 만든 세계에서 투표용지는 오로지 두 장밖에 존재하지 않는다.

결혼이나 출산과 같은 연인 간의 규범은 관계에 따라
다양해졌으며, 작동하는 것은 둘의 타협과 결정뿐이다.

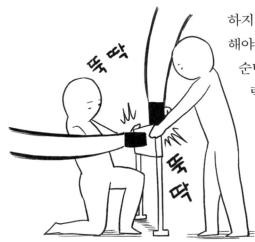

하지만 두 사람이 오롯이 선택해야 하는 이러한 상황은 결코 순탄하지 않다. 처음 성적 매력을 매개로 한 감정은 시간이 지날수록 사그라든다. 어느 순간 터버린 방귀처럼 성적 긴장감이 공기 중으로 흩어지고 마는 것이다.

과거에는 결혼, 출산 등 정형화된 룰과 규범이 그 자리를 메웠지만 정해진 삶의 코스가 사라진 지금, 오직 둘만의 의미로 그 빈 공간을 채워 넣어야 한다.

이제까지는 둘 사이를 방해하는 장애물들이 예상 가능했기에 미리 대비할 수 있었다면, 이젠 그 장애물이 보이지도 않을 뿐더러 넘어야 할 장애물마저 둘이 만들어내야 한다.

둘만의 의미를 만들어내기 위해서는 끈질긴 대화와 타협을 이어나가야 한다. 그런데 높아지는 이혼율과 일회성 만남의 유행이 말해주듯 그 행위가 결코 쉬운 일이 아니다. 대화를 통한 둘만의 의미 생성이 어려운 것은 이성애에 있어 지금껏 걸어온 남녀의 길이 달랐기 때문이다.

산업 사회 핵가족 모델에서 남녀는 각각 이성과 감성,
공과 사의 영역으로 철저히 분리되었고,
남성은 생계 부양자, 여성은 가사 담당자 역할을 맡게 되었다.

전통 사회에서 여성은 친밀성의 영역 그리고 사랑을 키워가는 역할을 전담했다. 그러던 중 개인화와 자율성이 높아지면서 여성들이 스스로 가정의 울타리를 벗어나 사회에 참여하기 시작했고, 이 과정에서 끊임없이 가부장제를 거부했다. 오늘날 성 평등 개념이 이성애 관계에 들어온 것은 지극히 자연스러운 현상이다.

그러나 여성이 동등성과 친밀성을 기반으로 한 관계에 전문가가 되는 동안 남성은 다른 쪽 역할을 맡을 만한 준비가 충분히 돼 있지 않았다. 그간 가부장제 사회가 부과해온 남성상을 체화했기 때문이다.

남자는 약함을 표현해서는 안 되고, 거칠어야 하며, 감정에 무감각하고 초연해져야 한다. 그렇지 않을 시 남성들 사이에서 위축되며, 여성에게도 성애의 대상이 될 수 없다는 두려움이 엄습한다.

즉, 가부장적 남성상을 체화한 남성은 사회적 약자인 아이와 여성에게 시혜적 사랑을 베푸는 것에만 익숙할 뿐, 동등한 입장에서 친밀성의 공동 구역을 일구지 못했다.

동등하다는 것은 상대방이 나의 나르시시즘을 충족하기 위한 대상으로 존재하는 것이 아니라 내가 내 의지만으로 어쩔 수 없는 '타자'로서 존재한다는 뜻이다.

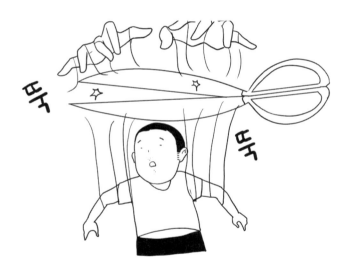

동등하지 않은 관계에서는 권력이 끼어들기 쉽다.

이에 대해 기든스는 친밀성의 영역이 점점 더 중요해지는 현대 사회에서 남성들 역시 감정의 능력을 길러야 한다고 조언한다. 에바 일루즈도 감정을 소중히 하는 남성성의 모델을 만드는 일이 무엇보다 시급하다고 주장한다.

그렇다면 감정을 소중히 하는 능력을 기르기 위해서는 어떻게 해야 할까? 에리히 프롬은 자신만의 욕구를 추구하기보다 타인과의 상호 관계를 중시해야 한다고 말한다. 구체적으로 말하자면 상대의 감정을 제대로 읽어내는 능력을 키워야 한다는 것이다.

즉, 에리히 프롬이 말하는 진정한 사랑의 기술
이란 어떻게 사랑받을지 골몰하는 것이 아니라
어떻게 사랑할지 고민하는 것이다.

이렇게까지
어려운 사랑을
굳이 해야만 할까? _____

내적으로나 외적으로 사랑이 점점 어려워지는 현실에서 우리는 굳이 사랑을 해야만 할까? 사랑을 하지 않아도 혹은 가볍게 즐기는 관계만 맺어도 괜찮은 것 아닐까?

그럼에도 많은 학자들과 사상가들은 사랑을 멈추지 말라고 조언한다. 탈마법화가 이루어진 현대에 충만함을 느낄 수 있는 몇 안 되는 일이 바로 사랑이기 때문이다. 사랑이 작동하지 않는 세계는 지금보다 더 건조할 것이고, 인생은 더욱 허무해질 것이다.

이들은 전통 사회로의 회귀를 주장하는 것이 아니다. 사랑이 지닌 가치의 회복을 제안하는 것이다.

타자의 실존에 관한 근원적인 경험을 할 수 있는 방도는 현재 사랑 이외에는 없어 보인다.

-알랭 바디우Alain Badiou

많은 이들이 탈마법화 이전에 활성화됐던 영혼의 능력을 회복해야 한다고 말한다. 이때 영혼의 능력이란 미국의 사회운동가 벨 훅스 Gloria Jean Watkins가 강조하는 사랑의 정의, 즉 "사랑이란 자신과 다른 사람의 영적인 성장을 위해서 스스로 선택하는 것"으로 압축할 수 있을 것이다. 영혼은 뇌와 호르몬으로 환원할 수 없는, 정서와 의미로 체험되는 마법화된 개념이다.

사랑이란 개인을 넘어 더 큰 세계와 연결된 느낌,
더 큰 서사와의 관계에서 존엄성을 확인하는 일이다.

즉, 사랑이란 곧 나와 파트너의 영혼을 함께 돌보며 불완전한 개인에서 완전한 전체로 거듭나는 플라톤적 에로스를 실천하는 일이다. 물론 여기서 말하는 완전한 전체란 개인이 지워지거나 어느 한쪽이 다른 한쪽을 흡수하는 것이 아니다.

"성숙한 사랑은 한 사람의 개성이
온전히 보전된 채, 분리와 고립이 극복되면서
그 특성은 온전히 유지되는 것이다."

— 에리히 프롬

물론 두 자아의 합일을 위해서는 서로에게 적지 않은 시간과 에너지를 내어주어야 한다. 이런 방식은 현대에 강조되는 합리적 기준과는 동떨어질 수밖에 없다.

그러나 매력의 수요 공급 시장이 아닌 나에게만 특별한 사랑, 이기주의가 아닌 자기애를 가진 사람들이 만나 더 큰 자기애가 되는 만남을 위해 필수적인 과정이기도 하다.

사랑의 광기가
그 어려운 걸
해냅니다.

젠더, 연령, 국적, 계급 등을 초월하는 사랑.

이러한 사랑의 비합리성은 사랑이 사회 구조나 이데올로기에 종
속되기 쉽지만 반대로 그 구조를 내파하는 힘을 지녔다는 의미이
기도 하다.

또 특별한 사람을 발견해내는 사랑의 능력은 열등감을 극복하는 데 도움을 주기도 한다. 누군가에게 유일한 사람이 된다는 것은 자기 의심에서 벗어나 자기 확신에 이르는 길이기 때문이다.

마지막으로 사랑의 구체적 실천 방법으로 많은 학자들이 꼽는 '소통'을 보자. 기든스는 원활한 소통을 위해 민주주의 모델을 차용할 것을 추천한다. 이는 책임감과 신뢰를 바탕으로 한 평등한 관계에 권력이 들어서지 않도록 끊임없이 주의를 기울이는 것이다.

나를 온전히 드러냈을 때 창피하거나 불편하지 않고
편안한 느낌이 든다면 친밀한 관계가 형성되었다고 볼 수 있다.

언어적 소통 이외에 에로티시즘을 기반으로 한 신체적 소통 역시 마찬가지다. 독일 출생의 미국 철학자 마르쿠제Herbert Marcuse는 권력이 소멸한 자리에 들어선 에로티시즘은 미학적 성질을 되찾을 수 있다고 말한다. 이러한 에로티시즘은 단순히 하룻밤 쾌락을 즐긴 후 상실감을 느끼는 것이 아니라 알랭 바디우의 표현처럼 "잠에서 깨어난 아침에 마치 두 육신의 수호천사처럼 사랑이 거기에 있다는 사실"로서 존재하는 것이다.

물론 이런 아름다운 사랑도 언젠가 끝날 수 있다. 사랑은 그 누구도 아닌 둘만의 합의에 의해 이루어진 관계이기에 한 사람의 감정 변화만으로도 둘의 시간이 가차없이 중단될 수 있는 것이다. 이것이 사랑의 역설이다.

그러나 이러한 점 때문에 우리는 사랑이 지속되는 동안 긴장하고, 서로에게 집중하며, 의지와 행동을 투입해 노력하는 것인지도 모른다.

너를 언제고 사랑한다고 통고하는 것은 사실상 우연을 영원에다 기록하고 고정시키는 것이라고 봐야 한다.

-알랭 바디우

현대 사회는 생각보다 이상적인 사랑을 실천하기 힘든 시대일지 모른다. 누군가는 사랑이 단지 성적 욕망을 그럴듯하게 포장한 것일 뿐이라고 말한다. 그러나 이러한 냉소에도 사랑을 추구해야 하는 것은 돈이나 법, 사회 구조를 넘어서 초월적인 경험을 할 수 있는 몇 안 되는 행위이기 때문이다. 더군다나 사랑은 단순히 형이상학적인 것이 아니라 지상에서 펼쳐지는 구체적이고 직접적인 경험이자 느낌이며, 서로가 기쁨과 편안함을 나눔으로써 나의 존재가 타당하다고 느낄 수 있는 실재적 관계 맺음이기도 하다.

사랑은
재발명되어야만 한다.
우리가 익히 알고 있듯이.

– 아르튀르 랭보

만약 사랑을 싹 틔우기 어려운 척박한 환경에 처해 있다면 사랑의 본질을 담을 형식이 새롭게 탄생해야 할 것이다. 높은 이혼율, 데이트 폭력 등과 같은 지표는 사랑의 비관적인 전망을 나타내지만, 다른 쪽에서는 새싹이 돋아나듯 사랑을 기반으로 한 여러 모양의 관계들이 생겨나고 있다. 앞으로 이러한 흐름을 긍정하고 아우르는 법의 제정을 통해, 또 관행과 인식의 변화를 통해 우리 시대에 걸맞은 사랑이 재발명되어야 할 것이다.

02

지금 시대에
돈이란
무엇인가

자본주의 사회에 사는 우리는 '돈'을 참으로 좋아한다. 월급날만 바라보며 직장 상사나 고객의 갑질을 견디고, 돈 떼먹은 이를 지구 끝까지 쫓아가 그의 발밑에 벌러덩 드러눕기도 한다. 어디 그뿐인 가? 당장 필요한 돈을 빌리기 위해서라면 지인이나 은행 직원 앞에서 세상 불쌍한 표정을 지을 수도 있다. 모두 타고난 성정과 관계없이 하는 행위들이다. 이렇게 자기 성격마저 바꿔버리는 게 돈의 카리스마일까? 우리는 돈에 대해 궁금한 것이 참 많다.

그런데 돈 벌 고민은 잘도 하면서 정작 이러한 궁금증은 별로 갖지 않는 것 같다. 바로 "돈이란 무엇인가?"란 질문이다. 어쩌면 탕수육 부먹, 찍먹을 고민할 동안에 한 입이라도 더 먹으라는 말처럼, 그런 질문에 대한 답을 고민할 시간에 돈 한 푼 더 버는 게 나을지도 모르겠다.

그러나 흔히 하는 말처럼 돈의 노예가 되지 않기 위해, 또 경제적 인간으로서의 본성을 이해하기 위해서라도 '돈' 그 자체를 탐구해보는 건 의미 있는 일이다. 이를테면 이런 질문들에 답을 모색해보는 것이다.

일단 돈에 대해 우리가 알고 있는 것은 크게 두 가지다. 하나는 돈에는 가치 저장 기능이 있어서 밝은 미래를 보장해준다는 것이다. 예를 들어 지금 내 곁에 있는 소중한 사람도, 아름다움이나 젊음도, 무소불위의 권력도 시간이 지나면 사라질 수 있지만 돈만큼은 나의 존엄을 명확한 숫자에 고정시켜준다. 그래서 이 불안정한 세계에서 돈을 많이 가질수록 미래에 대한 확실함을 기대할 수 있는 것이다.

이것이 우리가 돈을 많이 벌 수 있는
직업을 얻기 위해 노력하고,

재테크에 관심을 기울이며,

사기를 당하지 않기 위해 촉각을
곤두세우는 이유다.

한편 돈은 인간성을 파괴하는 용의자로 지목되기도 한다. 마르크스Marx, Karl Heinrich는 "돈이 사람과 상품을 이간질하고, 모든 자연적이고 도덕적인 울타리를 파괴하는 보편적인 뚜쟁이"라고 말한 바 있다. 돈이 사람과 사람 또 사람과 사물이 맺는 고유한 가치를 가격이라는 척도로 환원하고, 호혜성이나 시민 의식 같은 비시장적인 가치마저 가격을 매겨 인간성을 파괴하기 때문이다.

이처럼 온갖 형이상학과 형이하학이 뒤범벅되어 있는 돈을 정치하게 분석해내는 일은 자칫 불가능해 보인다. 그래도 이러한 질문에 집요하게 매달리는 게 "100억이 있으면 무엇을 하고 싶은가?"에 대한 더 다양하고 흥미로운 답을 내리는 방법이지 않을까? 아니 어쩌면 100억 따위 필요 없다는 패기 어린 생각을 하게 될지도 모르겠다.

돈은 왜
생겨났을까 _____

일반적으로 돈은 교환의 편의를 위해 탄생했다고 알려져 있다. 자급자족했던 인간들이 잉여 생산량이 증가함에 따라 다양한 욕구를 채우기 위해 돈을 만들어냈다는 것.

초기에는 곡물, 가죽 등 일상에서 쓰이는 물건들이 돈으로 사용되었다. 그런데 이러한 생필품들은 생산량이 일정하지 않고, 상태도 제각각이었기 때문에 불편한 점이 많았다.

이러한 이유로 생필품이 아닌 교환 전용의 물품이 필요했다. 그래서 채택된 것이 예쁘다는 이유로 사람들이 좋아하긴 하지만 그 자체로 사용 가치가 없는 동물의 뼈나 조개껍데기, 장식용 화살촉 같은 각종 장식용품이었다.

장식품이 화폐의 기능을 하게 되면서 더 이상 무거운 곡식이나 냄새 나는 고깃덩이를 이고 지고 다니지 않아도 되었다. 이제 힘 없는 이도 화폐를 가뿐히 들어 교환 행위에 참여할 수 있게 된 것이다. 무엇보다 가장 큰 변화는 돈의 '실질 가치'가 '상징 가치'로 바뀌었다는 점이다.

각종 장식품들이 각축을 벌이는 춘추전국시대가 지나고 금이 청동, 철, 은 등의 경쟁자를 물리치면서 화폐의 왕좌를 차지하게 되었다.

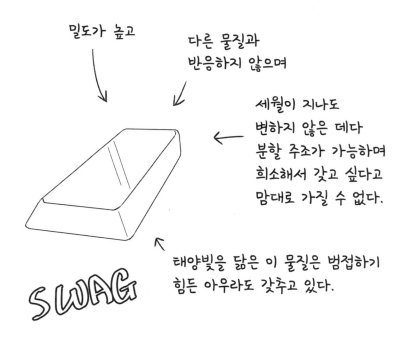

밀도가 높고

다른 물질과 반응하지 않으며

세월이 지나도 변하지 않은 데다 분할 주조가 가능하며 희소해서 갖고 싶다고 맘대로 가질 수 없다.

SWAG

태양빛을 닮은 이 물질은 범접하기 힘든 아우라도 갖추고 있다.

금이 돈이 되면서 이제 걸레짝처럼 너덜너덜한 가죽이나 깨진 조개껍데기를 두고 이게 돈이네 아니네 싸울 필요가 없어졌다.

최초의 금화는 기원전 7세기 소아시아의 리디아 왕국에서 탄생했다. 그들은 금을 동그란 모양의 주화로 만들어 교환했는데, 이 금화와 주조 방식이 무역을 통해 그리스 도시국가로 흘러 들어갔다.

그리고 11세기, 북부 이탈리아의 활발한 교역으로 금화가 전 세계로 퍼지면서 국제 통화로 떠올랐다. 이후 금은 세계적 지위에 걸맞게 질적 표준화라는 철저한 자기 관리를 시작했다.

그래서 뜬 직업이 바로 금세공인!

금세공 및
보관해드려요!

1588-3030
세공세공

금속의 무게를 재고 순도를 확인하기.

금을 녹여 주화를 만들기.

금융의 탄생 _____

때는 바야흐로 300여 년 전 영국. 사람들은 금을 가공하거나 안전하게 보관하기 위해 금세공인에게 자신의 금을 맡겼다.

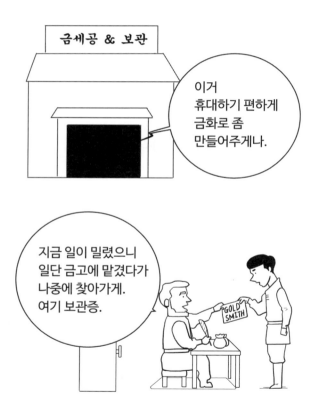

그림에서 보듯이 금 보관증은 점점 지금의 지폐처럼 교환되기 시작했다. 단순히 종이에 불과했던 물질에 교환 가치가 스며든 것이다. 그때부터는 이 보관증만으로도 물건을 살 수 있게 되었다.

한편 세공사 김씨는 사람들이 금을 동시에 찾아가지 않는다는 사실을 깨닫고 새로운 사업 아이템을 떠올렸다.

쉽게 말해 금세공인은 자기가 보유한 금보다 더 많은 양의 보관증을 발행해주는 대출업을 시작했다. '금융'의 시초인 셈이다.

금세공인들의 사업은 날로 번창했다. 그들은 개인뿐 아니라 국가에도 돈을 빌려주면서 수익을 꼼꼼하게 챙겨나갔다. 그런데 이들을 못마땅하게 바라보는 무리가 있었으니, 바로 런던의 상인들이었다. 물론 이들이 처음부터 세공인들을 싫어했던 것은 아니었다. 오히려 금세공업자들이 당시 암스테르담 공공은행처럼 거래를 활성화하고, 금융 생태계를 관리하는 역할을 해줬으면 하고 바랐다.

그러나 예나 지금이나 개인에게 지나친 공익성을 기대하는 일은 실망을 불러오는 경우가 많다. 아니나 다를까 금세공업자들은 뒤통수치기의 달인이었다.

그러던 중 런던 상인들에게 절호의 기회가 찾아왔다. 1688년 명예혁명으로 영국의 왕과 그를 둘러싼 권력이 순식간에 바뀐 것이다. 이전 왕을 믿고 국가에 돈을 빌려주던 금세공인들에게 큰 충격이 아닐 수 없었다. '과연 기존의 빚을 새로운 왕이 갚을 것인가?', '뭘 믿고 새 왕에게 앞으로 돈을 빌려줄 것인가?' 등과 같은 이유로 금세공인들은 왕에게 대부해주는 것을 망설였다. 이때 런던 상인들이 그 틈을 파고들었다.

명예혁명 이후 영국은 연달아 외국과의 전쟁을 치렀고 왕은 전쟁자금이 절실했다. 런던 상인 조합은 이러한 왕에게 통 크게 돈을 빌려줌으로써 왕의 필요를 채워주었다. 그리고 이때 쌓은 신뢰를 자산으로 1694년, 주식회사 형태의 잉글랜드 은행이 탄생하게 되었다.

우리 상인들
하고 싶은 거
다 해.

+ 정부에게 돈을 대출해줄 독점권
+ 국채를 담보로 지폐를 발행할 권리
+ 파산 시 출자금 이하의 유한 책임
+ 개인 대출

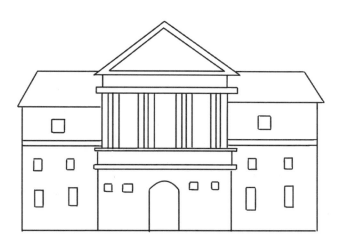

이후 잉글랜드 은행은 은행들의 은행, 즉 중앙 은행이 되어 최종 대출을 담당하고 돈의 네트워크를 관리했다. 또 사회 곳곳에 흩어져 있는 돈을 끌어모아 혁신적인 기업에 빌려줌으로써 산업혁명을 이끌고 영국의 황금시대를 열었다.

돈이 황금과
이별하기까지 _____

잉글랜드 은행은 1844년 의회의 특허 조례로 화폐 발행 독점권을
얻었지만 자의적으로 돈을 마구 발행할 수는 없었다. 화폐의 공급
량을 일정한 양의 금에 맞추도록 법률로 정해두었기 때문이다. 이
를 '금 본위제'라고 한다.

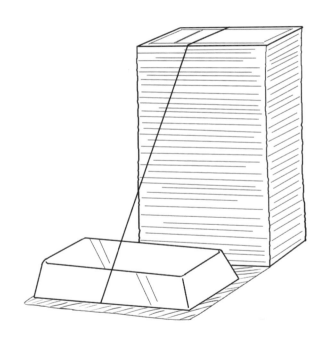

금 본위제 하에서는 법적으로 정해진 금 함량만 지키면 누구나 자유롭게 금화를 주조할 수 있었고, 지폐는 언제든지 금화와 교환할 수 있었다. 이제 금 함량이 낮은 금화를 유통한다든지, 금화의 가장자리를 일부러 마모시키는 등의 좀스러운 행위는 엄격히 법으로 규제받게 되었다.

이렇게 금을 기반으로 통화를 운영했기에 물가가 안정되었고 세계 각국이 영국을 따라 금 본위제를 채택함으로써 고정환율이 형성되어 무역이 촉진되었다.

다른 화폐가 하나의 시장에서 만났을 때
공평한 지점을 찾기 위해 아등바등함으로써 불안정 비용 증가.

금과의 교환 가능성에 화폐의 가치를 고정한
금 본위제 이후 안정감 확보.

이렇게 금 본위제로 세계 경제는 오랫동안 번영을 누렸지만, 1914년 제1차 세계대전에 이르러 위기가 찾아왔다.

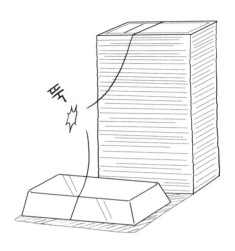

금 본위제는 중단되었고 환율이 불안정해졌으며, 1929년 세계 대공황이 찾아왔다. 이후 미국이 달러에 금을 고정시키고, 각국 화폐와 달러의 교환 비율을 책정해 다시 금과의 연계를 시도했지만,

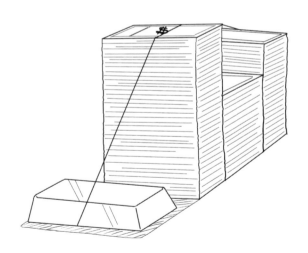

미국이 베트남 전쟁 비용 조달을 위해 화폐를 마구 발행함으로써 달러가 넘쳐나게 되었고, 이에 각국 정부가 서둘러 금 태환(지폐를 금으로 바꾸는 일)을 요구하기 시작했다. 그리고 1971년 닉슨 대통령이 금 태환 정지를 선언하면서 오랫동안 이어졌던 금과 돈의 관계가 완전히 끊어지고 만다.

역사적으로 돈이 내적 가치를 점차 줄여오기는 했지만 이때를 기점으로 돈은 더 이상 어떤 실물 가치도 나타내지 않게 되었다. 이제 거리낌 없이 돈을 마구 찍어낼 수 있는 시대가 도래한 것이다.

참고로 금 본위제 때문에 세계 경제가 균형과 안정을 이룰 수 있었다는 분석에는 여러 이견이 있다. 어떤 학자들은 금 본위제 때문에 경제 안정이 온 것이 아니라 경제 시스템이 정상적으로 작동했기 때문에 금 본위제가 유지될 수 있었다고 주장한다. 즉, 금 본위제가 경제 안정의 원인이 아니라 결과라는 것이다.

지폐의 시대
믿음의 시대 _____

금과 분리되자마자 돈의 물질적 가치는 순식간에 줄어들었다. 지폐를 만드는 데 드는 종이와 인쇄비 몇 푼이 전부였기 때문이다.

반면 이 종이에 쓰여 있는 숫자는 볼품없던 지폐를 숭배해야 할 대상으로 탈바꿈시켜준다. 고작 몇십 원을 들여 만든 지폐라도 그 위에 만 원이라고 쓰여 있으면 그것은 만 원의 가치를 갖게 된다. 가히 마법 같은 일이 아닐 수 없다. 심지어 지폐가 찢어졌다 하더라도 가치 저장 기능과 교환 기능은 전혀 손상되지 않는다(오히려 찢어진 화폐를 은행에 가져가면 기존 것보다 더 빳빳한 새 지폐로 바꿔준다).

한낱 종이 쪼가리만으로 커다란 집이나 자동차를 사고파는 작금의 사태를 지폐가 없던 시절의 사람들이 보면 어떻게 생각할까?

이제 돈은 오직 믿음만으로 운영되는 마법의 시스템이 되었다. 이른바 화폐의 시대가 도래한 것이다.

"화폐제도란 우리가 믿는 만큼
그 진실성이 커지는 허구다."

— 밀턴 프리드먼 Milton Friedman

물론 사람들이 아무 보증 없이 종이에 적힌 숫자만 믿고 거래를 하는 것은 아니다. 우리가 지폐를 믿는 것은 바로 국가가 든든하게 보증을 서고 있기 때문이다.

- 위조 지폐범 강력 처벌
- 법정 화폐 지정
- 통화량 관리
- 금융 감독
- 안정적인 경제 정책 수립 및 집행

국가와 중앙은행이 나의 구매력을 잘 지켜줄 거야.

국가라는 거대한 리바이어던(구약 성경 《욥기》에 나오는 지상 최강의 괴이한 동물로 국가 유기체를 의미함)이 떡 버티고 있는 이상 웬만한 강심장이 아니고서야 화폐로 장난을 칠 사람은 없다.

이 강력한 보증력 때문일까? 시간이 흘러 이제는 지폐의 물질성조차 점차 희미해져 가고 있다. 디지털 기기에 찍힌 숫자가 돈의 역할을 하는 시대가 온 것이다.

과거에 지폐로 월급을 받아
일부를 은행에 예금하고 일부로 물건을 샀다면,

Digital
Number

잠시
스치는
구간

BANK

돈 만질
일이
별로 없네.

이 화폐 시스템은 스스로를 비롯한 국가의 모든 구성원들이 국가를 신뢰한다고 믿기 때문에 유지될 수 있다.

금세공업자 얘기로 다시 돌아가보자. 그들은 금을 맡긴 사람들이
세공업자의 금고에 자신의 금이 온전히 있을 거라고 믿는 점을 이
용해 이자 수익을 냈다.

이러한 윤리적 허점에도 불구하고 국왕에게 자금을 대출해주던 금세공업자들은 권력의 비호 아래 금융업을 지속할 수 있었다.

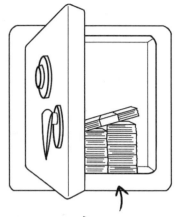

그렇다면 오늘날은 어떨까? 현대 상업 은행들도 과거 금세공업자와 크게 다르지 않은 일을 한다. 실제 금고에 있는 돈보다 많은 금액을 대출해주고 이자를 받는 것이다.

예금자의 인출 요구에 대비한
예금액 일부(법적 지급 준비금)를 예치하고

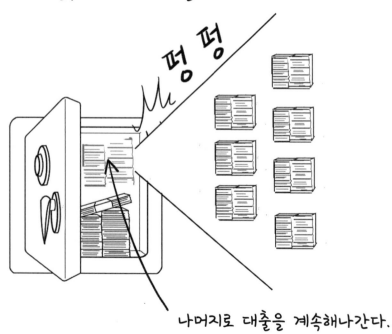

펑펑

나머지로 대출을 계속해나간다.

경제학자 슘페터Schumpeter, Joseph는 "은행에서 빠져나가는 돈이 많아지면 들어오는 돈도 더 많아지기 때문에 은행들은 언제나 대출액을 늘려나갈 수 있다"고 말했다. 이러한 금융 기술을 다른 말로 '신용 창조'라고 한다. 시중에 발행되지 않은 돈이 대출 상환 계약서에 사인만 하면 '펑!' 하고 마법처럼 나타나기에 '창조'라는 말이 무색하지 않다(이 창조적 행위를 위해 은행들은 열심히 예금을 유치해 총 지급 준비금을 높이려고 한다).

신용 창조를 통해 사회에 돈이 늘어나니 총 구매력도 함께 늘어난다.

늘어난 구매력을 바탕으로
우리는 다양한 재화와 서비스를 획득하고 삶의 질을 높여간다.

신용 창조로 돈을 만들어내는 만큼 은행은 이자 소득을 챙기고, 국가는 조세를 늘린다. 한마디로 누이 좋고 매부도 좋은 일인 셈이다.

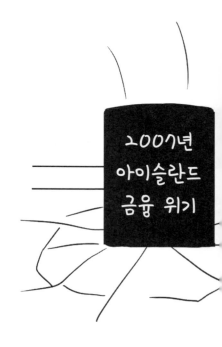

2007년
아이슬란드
금융 위기

문제는 이렇게 돈이 창조됨에 따라 경제도 함께 성장해야 한다는 점이다. 그래야 원금과 이자를 갚을 수 있을 테니 말이다. 정부의 감시 하에 은행이 대출도 해주고 신용카드도 발급해주는 것은 경제 상황에 대한 믿음이 있어서다.

그러나 팽창된 신용이 노동과 생산이 아닌 투기로 흘러가고 국가가 이를 방치하면 경제 위기가 발생한다.

늘어난 돈으로 고용을 하고, 노동을 통해 세상에 없던 가치를 창조하면 더없이 좋겠지만 사람들은 힘들여 일을 하는 것보다 돈으로 돈을 버는 것을 더 좋아한다. 물론 정부가 이런 투기 흐름에 제동을 걸 수 있겠지만 자유 시장 경제의 룰은 그리 호락호락하지 않다. 이런 연유로 돈이 금으로부터 풀려나 자유를 얻은 이후, 즉 돈의 발급이 정부의 자의에 맡겨진 이후 경제 위기는 더욱 잦아졌다.

전문가들 사이에서는 신용을 기반으로 한
경제 시스템을 바라보는 두 가지 상반된 견해가 있다.

하나는 은행이 기업에 자금을 공급해 혁신을 이끌어내고,

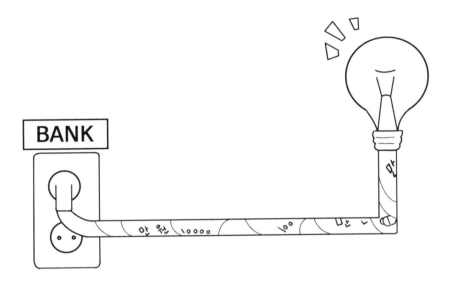

또 사회에 잠자고 있는 돈을 깨워
돈이 있는 사람으로부터 돈이 필요한 사람에게
자금이 이동하도록 유동성을 불어넣어
경제에 활력을 일으키면,

소득 성장이 일어나 은행은 이자 소득이 늘어나고 늘어난 조세로 복지를 늘리는 아름다운 순환이 일어날 수 있다는 것이다.

착하지?
그만 일어나서
좋은 일 좀
하자?

이 관점에 따르면 오늘날 우리가 풍요를 누릴 수 있는 것은 금융의 자본 동원 기술 덕분이며, 경험과 데이터가 쌓이고 리스크 분산 기술이 발달하면 경제 위기 또한 줄어들게 된다.

이와는 반대로 신용에 기반한 경제 시스템이란 것 자체가 허구라는 주장이 있다. 애초에 신용이란 부채의 허울 좋은 표현일 뿐이고, 신용 경제란 노동과 매개되지 않은 돈, 즉 이자를 갚게 하기 위해 존재하는 불합리한 구조라는 것이다. 이 구조 안에서는 신용 창조 및 화폐 발행을 멈출 수 없다. 브레이크 없는 신용 창조의 대가는 자연히 인플레이션과 경제 위기로 흐른다.

그리고 누군가는 필연적으로 이자를 갚지 못해 파산하게 되는데 여기서 이자를 갚지 못하는 사람은 생산 수단이 없거나 신용도가 낮아 높은 금리로 이자를 갚아야 하는 사람일 확률이 높다. 그리고 이 과정이 반복되면 반복될수록 빈부 격차는 점점 더 벌어진다.

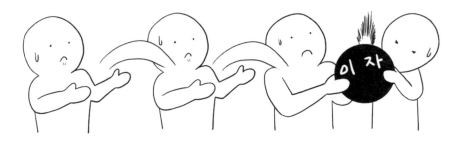

믿음에 관한 질문으로 다시 돌아가보자. 우리가 종이 쪼가리를 돈이라고 믿는 것, 나아가 물질 없이 디지털 신호가 사람 사이를 왔다 갔다 하는 것은 경제 시스템을 보증해주는 국가 권력을 믿기 때문이다.

만약 신용에 기반한 경제 시스템을 부정적으로 바라보는 두 번째 관점에 따른다면 과연 우리는 이 국가를 믿고 있어도 괜찮은 걸까?

"채무의 화폐화를 통한
신용 화폐의 탄력적 창출이야말로
경제를 불안정으로 몰고 가는 경향을
본질적으로 낳을 수밖에 없다."

―하이먼 민스키 Hyman Minsky

시장의 논리가
삶의 영역을 침범할 때 _____

지금까지 살펴봤듯 돈이라는 것은 사회 구성원들이 공통으로 믿는 사회적 상상의 현현이다. 그런데 우리가 이 추상적인 돈에 대해 느끼는 것은 너무나도 구체적이고 현실적이다.

많은 이들이 매일 금리가 어떻게 되나, 물가가 어떻게 되나, 아파트값이 어떻게 되나 주시하는 이유죠.

우리가 이렇게 돈의 추상성을 더욱 피부로 느끼게 된 것은 애덤 스미스Adam Smith가 시장의 본질이 무엇인지 규명한 뒤부터다. 시장 경제가 경제생활의 대부분을 차지한 이후 삶의 상당수는 시장 논리로 이해되고 있다.

시장 논리에 따르면 무언가를 행위할 때 가장 중요한 것은 내면의 만족감보다는 그것에 따르는 비용이 얼마냐는 것입니다.

혹은 내면의 만족감이 얼마로 환산되느냐죠.

그렇다면 시장 논리란 무엇인가? 한정된 사회적 자원을 개인이 공헌한 만큼 가져가야 한다는 뜻이다. 시장주의자들은 이 공헌의 정도를 자유 시장이 판단해준다고 믿는다.

강압이나 불평등이란 불순물만 제거한다면 시장에서 결정된 가치의 결과, 즉 '가격'은 가장 합리적인 기준이 된다. 합리적 경제 주체인 우리는 그것을 자연스럽게 받아들이기만 하면 되는 것이다.

그러나 많은 이들이 이러한 시장 논리를 비판적인 시각으로 바라본다. 가격표의 은총을 받지 못한 비시장 경제 부문이 사람들의 관심에서 배제되기 때문이다. 또한 시장 논리가 인간 행동의 주 동기가 되면 부와 가난이 삶의 전면에 나서고 이것은 결국 계급 문제로 연결된다.

이러한 문제는 시장 논리가 구매력을 넘어 기존에 장악하지 않았던 삶의 영역까지 침범할 때 더욱 심각해진다.

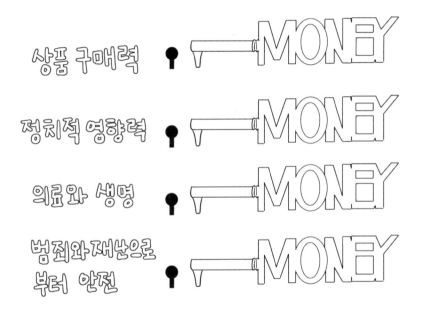

과도한 시장 논리를 우려하는 관점에 따르면 단순한 구매력의 표현인 돈이 재화나 서비스를 획득하는 것 이외에 더 많은 '시민권'을 사는 수단으로 쓰이게 된다. 사람들은 재화로부터 자신의 취향을 충족하고 쾌락을 늘리기 위해 돈을 원하기도 하지만 사회 성원권을 얻지 못할 수 있다는 공포감 때문에 돈을 좇기도 한다.

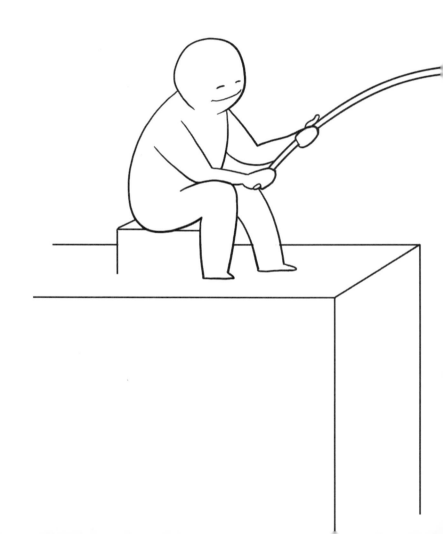

이 관점에 따르면 왜 그토록 많은 부자들이 평생 쓰고도 남을 돈이 있으면서도 온갖 방법을 동원해 더 많은 돈을 벌려고 하는지 그 이유를 알 수 있다. 돈이 곧 사회적 지위를 나타내기 때문이다. 돈은 단순히 많아야 하는 것이 아니라 '남들보다' 많아야 한다. 그래야 자신이 그들보다 더 높은 지위에 있다는 것을 증명할 수 있으니까.

119

또 하나 제기되는 문제는 시장 논리의 무분별한 확장이 호혜성이 나 시민 의식 같은 이타적 동기를 훼손할 수 있다는 것이다. 정치 철학자 마이클 샌델Michael Sandel은 다음과 같은 예를 든다.

어린이집에서 부모가 아이를 제시간보다 늦게 데리러 가면 교사의 퇴근이 늦어진다. 이 문제를 해결하기 위해 늦게 아이를 찾아가는 부모에게 비용을 부과했다. 그 결과는?

놀랍게도 부모들은 오히려 아이를 더 늦게 데리러 왔다. 과거에는 부모들이 교사에게 미안한 마음을 갖고 아이를 한시라도 빨리 찾으러 가려고 했지만 추가 비용을 지불하고 나자 마음의 짐을 내려놓게 된 것이다. 이처럼 강력한 시장 논리는 시민 사회에서 이루어져야 하는 여러 도덕적 논의들을 단지 "얼마죠?"라는 말로 종식시켜버린다. 그야말로 가치를 늘리는 것이 아니라 되레 축소시키는 결과를 낳는 것이다.

만약 이러한 시장 논리가 앞서 살펴본 신용 팽창과 결합하면 어떻게 될까? 신용은 기하급수적으로 늘어나는 부채 시스템이며, 이는 그만큼의 경제 성장을 위해 상품을 많이 생산하고 소화해야 한다는 뜻이다. 즉, 늘어나는 돈만큼 세상을 유동 자산으로 바꿔야만 유지되는 시스템이다.

더 많은 것에 가격을 매기고 상품화를 해야 하며,
더 빠르게 천연자원을 훼손해야 한다.

이 과정에서 경제적 보상이 없는 윤리적 경영이나 환경보호의 가치는 뒷전으로 밀리고, 공공 비용과 리스크가 차곡차곡 쌓인다. 물론 시장의 가치를 높이 평가하는 이들은 이러한 우려가 기우에 불과하며 다양한 신기술과 효율성을 바탕으로 경제는 새로운 돌파구를 찾게 될 것이라고 말한다. 오히려 비극을 부르는 것은 저조한 성장이며, 우리가 집중해야 할 것은 최적의 균형 성장이라는 것이다.

그러나 인류에 의한 여섯 번째 대멸종이 진행되고 있는 지금 과연 시장 논리를 최우선의 가치로 두어야 하는지에 대해서는 한번쯤 생각해봐야 할 것 같다.

새로운 돈을
상상하기 _____

돈은 효과적으로 공동체를 매개한다. 근대 이전의 공동체가 외부
인을 덮어놓고 배척했던 것에 비해 자본주의 공동체는 인종, 지역,
나이, 성별, 국가 등을 가리지 않고 사람들을 평등한 교환인으로
대한다. 그러나 평등한 교환인으로 산다는 건 생각보다 고달픈 일
이다.

고용인-피고용인 관계

판매자-소비자 관계

일상적으로 벌어지는
경쟁 관계

사람을 마케팅 대상 또는 경쟁자로만 대하려는 세상에서 우리는
점점 더 타인의 욕망을 욕망할 수밖에 없다.

과거에는 일터를 벗어나면 돈의 위력이 닿지 않은 정서적 공간이 우리를 기다리고 있었다. 하지만 현대 사회는 그런 공간조차 허용하지 않는다.

이제 돈으로부터 자유로운 공간은 없다. 이전 공동체에서 자연스럽게 이루어지던 이웃 간의 유대마저 그저 집값 연대에 그칠 뿐이다. 물론 돈이 매개되면 정념이 개입되지 않은 깔끔한 관계를 맺을 수 있다는 장점도 있다. 서로의 프라이버시를 침해할 가능성이 적고, '마음'과 같은 측정 불가능한 대가가 아닌 '돈'이라는 확실한 보상을 주고받는 관계를 맺을 수 있는 것이다.

그러나 날로 심해지는 빈부 격차, 갑과 을로 대변되는 비인격적 관계, 높아지는 자살률, 무기력과 우울증의 증가 또한 돈의 매개가 불러온 참혹한 결과다. 이러한 돈의 폐해를 줄이기 위해 다양한 사회적 실험이 시도되고 있다.

돈이 구매력을 넘어 다른 영역에서까지
힘을 발휘할 수 없게 하는 것,
비시장 영역을 확대하는 것,
회계 시스템에 사회적·자연적 가치를 포함하는 것 등.

이러한 대안들이 공통적으로 꿰고 있는 가치는 사회적 신뢰의 회복이다.

여러 지표가 말해주고 있듯 대한민국은
대표적인 저신뢰 사회다.

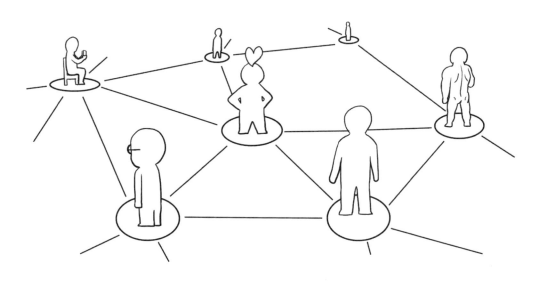

지혜, 신체적 능력, 지식, 정서 등을 나누기 위해
각자의 지점에서
네트워크로 흩어지는 것이 아니라,

일단 모두가 돈을 향해 뛴다.

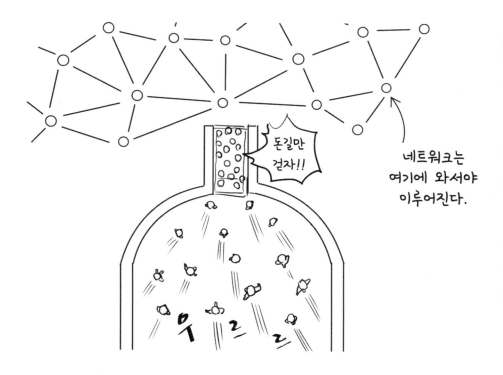

돈길만 걷자!!

네트워크는 여기에 와서야 이루어진다.

프랑스의 인류학자 마르셀 모스Marcel Mauss는 《증여론》에서 북아메리카 원시 부족들이 축제 때 타 부족과 경쟁적으로 선물을 주고받는 풍습인 '포틀라치potlach'를 설명하며 진정한 부의 가치에 대해 논한 바 있다. 여기에서 교환되는 것은 단순한 재화가 아닌 서로에 대한 신뢰와 예의 그리고 기쁨이다.

이들에게 가난은 재화의 양이 적은 것이 아니라 더 이상 무엇도 나눌 수 없는 부족한 감성 상태다. 사회학자 보드리야르Jean Baudrillard는 이들의 이런 교환 행위는 반복되면 반복될수록 그만큼의 부가 늘어난다고 보았다. 시장에서 발생하는 가치 축소가 이곳에서는 일어나지 않는다.

주변을 보면 친밀한 관계일수록 결코 돈 거래를 하지 않겠다고 말하는 사람이 있다. 차라리 돈을 주고 말지 채무 관계가 형성되면 반드시 얼굴 붉힐 일이 생긴다는 것이다. 이는 시장 논리가 침투하면 안 되는 신뢰의 영역이 있다는 것을 본능적으로 알고 있기 때문이리라. 사회적 신뢰가 회복되기 위해서는 이들의 원칙처럼 돈으로 살 수 없는 영역이 점점 더 많아져야 한다.

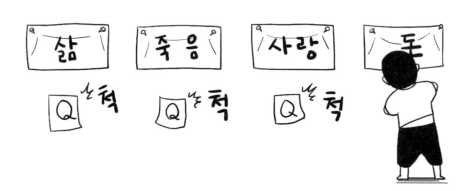

그리고 이 신뢰는 "어떻게 살 것인가?"라는 개인의 물음과 성찰로 부터 시작되어야 한다. 이 성찰은 타인의 욕망이 아닌 나의 고유성을 찾는 과정이며, 가격으로 매겨지지 않는 영역을 스스로 지켜내려는 노력이다.

탄탄한 신뢰 자산이 있다면
돈의 역할을 적절하게 배치할 수 있다.

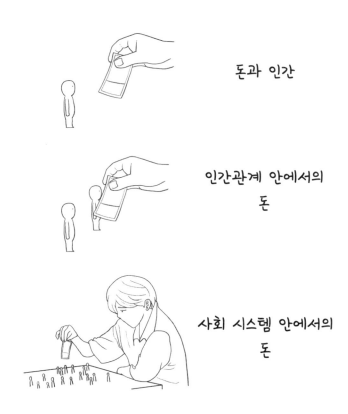

돈과 인간

인간관계 안에서의
돈

사회 시스템 안에서의
돈

신뢰 회복은 개인을 비롯해 공동체적 가치로도 의미가 있지만 경제 발전의 토대가 되기도 한다. 많은 학자들이 북유럽의 '복지+경제' 균형 또한 이 신뢰 자산이 있기에 가능하다고 분석하고 있다.

돈은 사회적 상상의 산물이다. 우리가 돈을 단순히 개인의 욕망을 충족하는 수단으로 상상하는 것과 각자의 고유성을 원활하게 나눌 수 있게 도와주는 매개체로 상상하는 것에 따라 돈의 성격은 판이하게 달라질 것이다. 다시 말해,

돈에 끌려다니는 것이 아니라

"어떻게 함께 살 것인가?"에 대한 적극적 상상을 투영해 돈을 이끌어나가는 것.

돈이 웬수가 될 것인지 기쁨의 증폭기가 될 것인지는 이 적극적 상상에 달려 있다.

03

개인, 자유, 욕망의 발견
- 자유주의

현재 세계를 움직이는 지배적인 이념 중 하나는 '자유주의'다. 자유주의는 개인의 자유를 최우선 가치로 여기는 정치 이념이다. 자유주의는 자유롭게 계약을 하고 재산을 자신의 의지대로 처분할 수 있는 권리를 중요시한다는 점에서 자본주의 정신과 맞닿아 있으며, 시민 개개인의 중요성이 강조되는 정치 체제 민주주의와도 친해 그야말로 붙임성 좋은 이념이라고 할 수 있다.

우리가 남이가!

자유주의에는 신자유주의, 현대적 자유주의 등 여러 분파가 있지만 자유주의를 자유주의이게끔 한 것은 뭐니 뭐니 해도 '고전적 자유주의'라고 할 수 있다. 최초의 체계적인 정치 이념이자 인류를 대상으로 한 이 거대한 기획은 지금까지도 서구의 정신 및 생활 전반에 깊숙이 스며들어 있다.

즉, 서구적 생활 방식을 받아들인 현대인들의 사고를 이해하기 위해서는 고전적 자유주의에 대해 알 필요가 있다.

최초의
자유주의자들 _____

16~17세기 즈음 서구 사회는 거대한 혼란 속에서 허우적대고 있었다. 사회를 지배하던 기독교는 종교 개혁 이후 구교와 신교로 나뉘어 치열하게 대립했으며, 교회가 분열한 틈을 타 절대군주제가 들어섰다.

코페르니쿠스 Nicolaus Copernicus

루이 14세 Louis XIV

이렇게 절대주의가 열리자 정치·사회·경제를 지탱하던 중세적 세계관이 순식간에 무너졌고, 다시금 대혼란이 찾아왔다. 그때 더 이상 이대로는 안 되겠다 싶어 일어선 일군의 사상가들이 있었으니.

두　　　　　둥!!

토머스 홉스
Thomas Hobbes

존 로크
John Locke

애덤 스미스
Adam Smith

바로 최초의 자유주의자들이다. 이들은 후에 나타날 '현대적 자유주의자'들과 구분해 '고전적 자유주의자'라고 부른다.

자연 상태를
시뮬레이션해보겠다 _____

고전적 자유주의자들은 혼란한 세상을 다시 처음으로 돌려보자고 제안한다. 즉, 기존 지배 관념을 지우고 '자연 상태'라는 고도의 시뮬레이션을 시도해보자는 것이다.

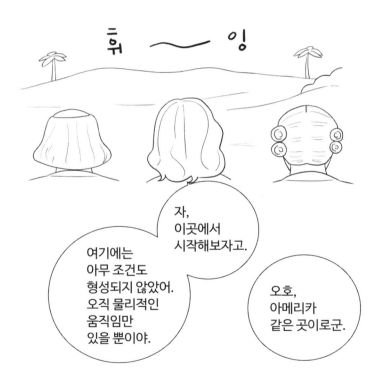

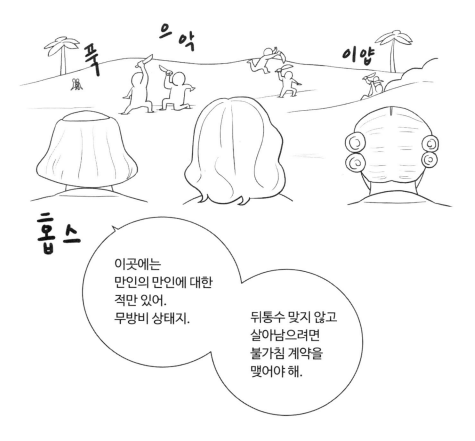

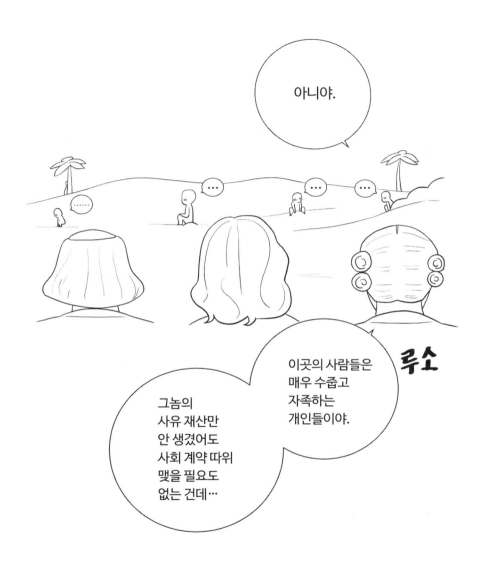

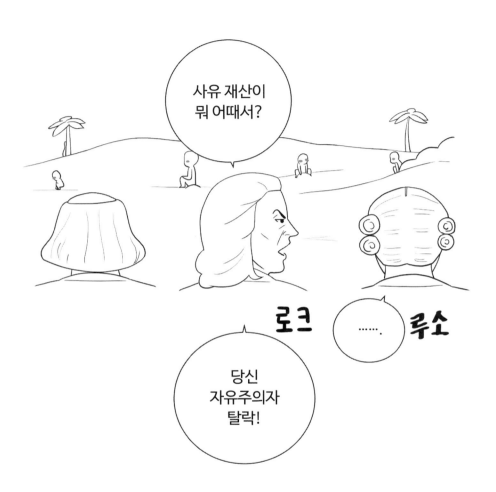

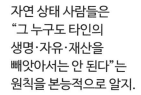

자연 상태 사람들은 "그 누구도 타인의 생명·자유·재산을 빼앗아서는 안 된다"는 원칙을 본능적으로 알지.

자연권을 보호하기 위해 약정을 맺는 건 너무나도 자연스러운 일이야.

자연 상태의 인간들이 스스로를 보호하기 위해 약정을 맺을 것이라는 자유주의자들의 상상을 바로 '사회 계약'이라고 한다. 그들은 인간이 사회 계약을 통해 시민 사회를 형성하고 또 필요에 의해 국가를 수립할 거라고 보았다.

개인의
발견 _____

고전적 자유주의자들에게 '자연 상태'라는 영감을 불어넣은 것이 신대륙에서 들려온 소식이었다면, 그에 못지 않게 영향을 끼친 것이 바로 과학의 발전이었다.

18세기에는 '신이 태초 우주의 법칙을 만든 후 세상의 일에 관여하지 않는다'는 이신론Deism이 유행했다. 여기에서 '자연법 사상'이 도출되는데, 자연법 사상이란 각 지역마다 고유의 제도나 관습이 있지만 그 상위에는 자연 법칙과 같은 보편적 규범이 존재한다고 믿는 것이다. 이 믿음에 따르면 인간은 고유의 능력인 '이성'을 통해 이것들을 고문자 해석하듯이 하나하나 발견해나갈 수 있다.

고전적 자유주의자들은 과학적 방법을 통해 인류가 자연 법칙을 이해해왔던 것처럼 그것을 사회 원리에 적용하면 사회를 제대로 이해할 수 있을 뿐만 아니라 그 이해를 기반으로 누구나 살기 좋은 세상을 만들 수 있다고 생각했다.

정치의 과학화를 꿈꾼 고전적 자유주의자들은 제일 먼저 형이상학과 같은 비과학으로부터 사회를 해방시켰다. 그들은 그동안 교회가 개인의 자유에 불필요한 제한을 가해왔다고 비판했으며, 신이 군주에게 권력을 부여했다는 왕권신수설을 폐기했다.

이제 신 대신 여기에 뭔가를 채워 넣어야 할 것 같은데 뭘 넣지?

고전적 자유주의자들이 세계를 움직이는 동력으로 선택한 것은 다름 아닌 '인간'이었다. 물론 인간은 인간이되 어떤 인간인지가 중요했다.

고전적 자유주의자들은 '개인'에 주목했다. 그들이 말하는 개인은 과학에서 말하는 원자, 즉 세계를 이루는 가장 작은 단위체와 같았다. 자유주의자들은 개인이 사회보다 우선하며, 심지어 사회는 개인의 총합을 나타내는 허구에 불과하다고 생각했다.

욕망대로 사는 것
이성으로 사는 것 _____

뉴튼의 법칙에서 존재는 질량을 갖는다. 정치의 과학화를 추구하는 고전적 자유주의자들 역시 질량에 해당하는 것이 필요했는데, 인간에게서 이 질량에 대응하는 것이 바로 '욕망'이었다.

하지만 애덤 스미스나 흄David Hume은 욕망이나 이기심만으로는 인간 존재 특징을 온전히 설명할 수 없다고 생각했다.

데카르트 Descártes

바로 이성과 합리성이었다. 자유주의자들은 인간이 욕망과 이기심을 마구잡이로 발산하는 것이 아니라 그것을 합리적으로 조정할 수 있는 능력이 있다고 보았다. 이를 '도구적 이성'이라고 부른다.

고전적 자유주의자들은 인간이 이익과 욕망을 추구하는 것은 도덕적 타락으로 볼 수 없다고 주장했다. 애초에 그렇게 생겨먹은 것을 어쩌겠는가? 고전적 자유주의자들은 과학적 사실이 가치 중립적인 것과 마찬가지로 욕망을 따르는 것 역시 자연스러운 현상이라고 보았다.

교회가 삶의 방향을 정해주는 게 아니고, 과학적 사실 안에 가치가 내재해 있는 것도 아니라면 인간은 어디서 인생의 가치를 찾을 수 있을까?

바로 경험과 이성을 토대로 한 개인의 결단, 즉 인간의 의지였다.

경제적 자유주의의
등장 _____

고전적 자유주의자들은 계몽된 이성의 시대에서라면 개인이 스스로 '좋음'을 찾아갈 것이라고 생각했지만 구체적으로 그 좋음이 무엇인지는 제시하지 않았다. 개인은 모두 다른 환경에서 자라 각자 다른 가치관을 지니고 있기에 추구하는 좋음도 제각각일 것이라는 생각 때문이었다. 누군가에게는 운동이 호르몬을 치솟게 하는 짜릿한 행위이지만, 다른 누군가에게는 세상 쓸데없는 짓으로 여겨지는 것처럼 말이다.

다만 행복을 좇기 위해서 필요한 것이 있었으니 바로 '돈'이었다. 돈에는 어떤 가치 판단이나 취향이 함유되어 있지 않다. 사회적 부와 개인을 매개해줄 뿐이다. 사람들은 돈을 통해 자신이 원하는 것을 할 수 있다. 설날 조카에게 취향이 아닌 장난감을 선물하는 것보다 두둑한 봉투를 줄 때 더욱 환영받는 것을 생각해보면 쉽게 이해될 것이다.

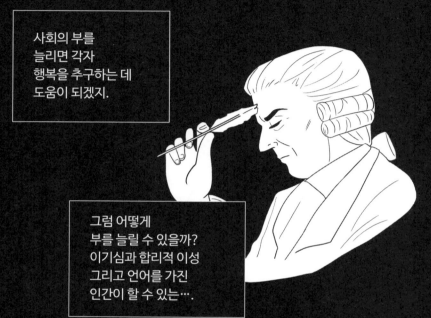

사회의 부를
늘리면 각자
행복을 추구하는 데
도움이 되겠지.

그럼 어떻게
부를 늘릴 수 있을까?
이기심과 합리적 이성
그리고 언어를 가진
인간이 할 수 있는….

고심 끝에 애덤 스미스가 생각해낸 것은 교환
과 교역이었다.

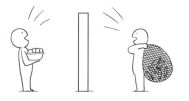

좋은 것을 추구하는
인간이라면
자연히 각자 혜택을
입을 수 있는 경제적
교류를 할 거야.

그러기 위해서는
독점과 규제를 없애고
자유 무역을 허용해야지.

그럼 자연스럽게 효율이 올라
실물 공급이 증가할 테고,
사회적 진보가 이루어질 거야.

즉, 자유로운 시장에서라면 사람들이 개인의 좋음을 좇아 자연권과 일치된 방식으로 노동하고 거래하며 소비할 것이라고 본 것이다. 애덤 스미스의 이러한 생각은《국부론》에 고스란히 담긴다.

오해할까 봐
덧붙이자면
인간은 이기적인
존재이기도 하지만
사회적 존재이기도 해.

사회에서는
인간의 자비심을
장려해야 하지.

이래 봬도 도덕철학자임.

스미스의 논증은 '이래야만 한다'는 도덕적 필연이 아니었다. 자유
로운 시장 경제가 부를 늘리기 위한 최적의 환경이며, 거기서 창출
된 부가 최대 다수의 행복을 좇는 데 필요하기에 정당하다고 본 것
이다. 스미스에게 시장 경제는 사람들의 자연스러운 교류 속에서
생겨난 자생적 질서였다.

정부의
탄생 _____

아무리 인간의 이기심을 긍정하는 고전적 자유주의자들이지만 그
것을 무한정 추구하는 것만은 두고볼 수 없었다. 모든 사람의 행복
은 비록 종류는 다르더라도 같은 무게를 지니고 있기 때문이었다.
이는 자유주의자 칸트Immanuel Kant의 정언 명령으로 요약할 수 있다.

애덤 스미스 역시 얼마간의 경제적 불평등은 도덕적 원칙에 벗어나지 않지만 극단적 이기심은 모두의 이익을 훼손하기에 정의에 어긋난다고 말했다. 로크 역시 마찬가지였다. 누군가 사회 계약을 어기고 다른 이의 자연권을 훼손했다면 피해자로부터 처벌을 받아야 한다고 보았다. 다만 피해자가 직접 처벌을 할 경우 공정성이나 일관성에 문제가 생길 수 있기에 처벌의 권한을 정부에 위임해야 한다고 주장했다.

정부를 만드는 건 좀 더 효율적으로 자연권을 보호하기 위해서일 뿐이니 너무 많은 권한이 주어져서는 안 돼.

정부가 오버하면 끝장이야. 바로 혁명 들어가는 거지.

고전적 자유주의자들은 민주적으로 선출된 대표가 정치를 하는 '대의 민주주의'를 지지했는데, 선출된 공직자들이 다음 선거에서 유권자에게 표를 받기 위해 열심히 일할 것이라고 생각했기 때문이었다. 또 숙련된 전문가가 정부를 효율적으로 운영하면 시민들은 직접 정치에 참여하지 않아도 되며, 그 시간에 자신의 이익과 행복을 찾아갈 것이라고 보았다. 이렇게 고전적 자유주의자들에 의한 민주자본주의가 완성된다.

고전적 자유주의의
위기 _____

이처럼 자유주의 사상은 부르주아 및 정치적 자유 옹호자, 계몽주의 사상가 그리고 과학적 진보를 믿는 이들이 만들어낸 거대한 흐름이었다. 고전적 자유주의는 북미와 유럽에 큰 혜택을 가져다주었다.

사회적 신분 이동의 기회

절대주의 국가에서 입헌 민주 국가로

자본주의를 통한 부의 총량 증가

사적 영역의 확보와
욕망을 기반으로 한 문화 발전

고전적 자유주의의 덕목은 이제 쟁취해야 할 가치가 아니라 삶 그 자체에 녹아들게 되었다. 그러나 안정과 정착은 위기의 또 다른 이름이기도 했으니.

마르크스는 고전적 자유주의보다 더욱 진보된 세상을 제시했으며, 공산주의로의 이행이 필연임을 증명하려는 그의 노력은 당시 젊은 지식층을 열광시키기에 충분했다. 또 새롭게 부활한 공화주의가 자유주의의 빈틈을 날카롭게 공격했다.

사회가 단순히
개인들의 집합체일
뿐인가?

자연권이라는 게
있긴 하나?

대의 민주주의는
결국 정치 무관심을
불러오지 않나?

이기심에 따른
행동은 사회적
책임을 회피하고
공동체를 해체하는
것 아닌가?

도덕 없는
개인주의가
탐욕스러운
자본주의를
낳은 것 아닌가?

무엇보다
인간을 상실감, 권태,
고독, 불안에 빠지게 한
장본인이 자유주의
아닌가?

결국 자유주의는 이러한 도전과 비판에 정신이 번쩍 들었고, 평등의 가치를 수렴한 현대적 자유주의, 시장 경제를 강조한 신자유주의 등으로 각각 진화하면서 새로운 변화를 모색하게 된다. 그러나 이러한 우여곡절 속에서도 자신의 의지에 따라 행동하며 그 결과에 책임을 지는 인간상을 제시했다는 점, 또 다양한 삶을 긍정하며 다원적 사회의 가능성을 열었다는 점에서 고전적 자유주의가 남긴 유산은 여전히 자유주의의 핵심 가치로 남아 많은 이들을 매료시키고 있다.

04

계급이라는 필터로 세상을 바라보기

- 마르크스주의

우리는 흔히 일상에서 이런 표현을 쓴다. "저 사람 온몸을 명품으로 휘감았네. '부르주아'구먼!", "나 개털이야. 본투비 '프롤레타리아'지." 남들에 비해 태생적으로 부유하거나 반대로 형편이 어려울 때 우리는 이러한 계급 용어를 끌어들이곤 한다. 그렇다. 계급은 사회이론가들이 불평등을 분석하기 위해 만든 개념이다. 그리고 인류 역사상 이 개념을 가장 흥행시킨 인물이 바로 칼 마르크스와 프리드리히 엥겔스Engels, Friedrich다.

마르크스와 엥겔스가 주장한 계급론의 특징은 각 계급을 독립적 범주가 아닌 계급 간의 '관계'로 파악한 것이다. 관계도 그냥 관계가 아닌 무려 '착취' 관계다. 이 빨아먹고 빨아먹히는 계급 관계를 중심으로 마르크스주의를 살펴보자.

인간이
노동하는 존재라니! _____

마르크스는 인간을 노동하는 존재로 파악했다. 인류의 등장 이래
인간은 한시도 노동과 떨어져 지내본 적이 없다. 그도 그럴 것이
노동 없이는 육체라는 커다란 물질을 건사할 방법이 없기 때문이
다. 원시 시대에는 사냥, 채집 등을 통해 입에 간신히 풀칠을 했다.
그런데 신기하게도 풀칠, 즉 기초적인 욕구를 해결하고 나면 꼭 다
른 욕구가 고개를 들었다.

이때부터 인류의 본격적인 딴짓이 시작됐다. 더욱 다양하고 많은 양의 식재료를 구하기 위해 '생산 수단'을 발전시킨 것이다. 멀리 있는 짐승을 사냥하기 위해 날카로운 화살과 탄력 있는 활을 만들고, 대량의 물고기를 잡기 위해 그물을 제작했으며, 농작물의 생산량을 높이기 위해 토지를 개간할 수 있는 농기구를 발명했다. 이렇게 생산 수단을 만들거나 연구하는 데 많은 노동이 투입되면서 인류는 본격적인 생산 사회에 돌입하게 된다.

그런데 이렇게 늘어나는 욕구를 생산 수단으로 메꾸는 과정에서
신기한 일이 벌어지기 시작했다. 바로 노동이 즐거워지는 것이다.

물질세계를 바꾸는 과정에서 창조와 혁신의 힘을 느낀 노동자는
자신도 모르게 이전과 다른 존재가 된다.

노동은 또한 사람과 사람을 이어주는 매개 역할을 했다. '본성이냐 환경에 의한 결과냐'라는 논란과는 관계 없이 인간은 타인에게 의존하지 않고서는 자연에서 살아남기 힘든 사회적 존재가 되었다. 특히 하루 사냥해서 하루 먹고사는 걸 넘어 생산 사회에 돌입하게 되면 타인의 노동이 곧 나의 생존과 직결된다.

이렇게 '자연-사람-생산 수단'이 결합하면 하나의 '생산 양식'이 만들어진다. 마르크스와 엥겔스는 이 생산 양식이 사회 형태를 결정짓는다고 보았다. 즉, 이 결합 방식이 달라지면 사회 형태 또한 달라지게 되는 것이다.

경제가
세상을 바꾼다 ───────

한 사회의 생산 양식 안에는 여러 경제 주체들이 협력 관계를 맺고
있다. 반면 여느 인간관계가 그렇듯 협력 관계 역시 어두운 측면이
존재한다. 마르크스는 경제 주체들이 각자의 이해에 따라 집단을
형성하고, 이 집단들은 경제적 협력 관계를 넘어 착취 관계를 형성
하고 있다고 보았다. 즉, 빨아먹고 빨아먹히는 '계급 관계'를 맺고
있다는 것이다.

계급 구조를 결정짓는 것

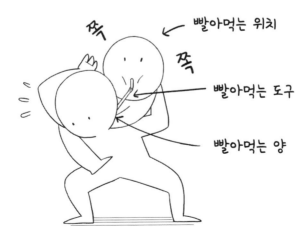

빨아먹는 위치

빨아먹는 도구

빨아먹는 양

그런데 빨아먹히는 계급이라고 언제까지 자기 목을 대주고만 있지는 않는다. 빨아도 빨아도 빨 게 없으면 골수마저 빨아먹으려는 이들을 향해 항의를 하거나 반항을 하고 때로는 폭동을 일으키는 것이다. 이를 '계급 갈등'이라고 한다.

계급 갈등이 심해지면 사회 에너지가 노동이 아닌 갈등에 투입되기 때문에 생산량이 감소하고 다시 생존의 문제가 대두된다. 이제 다른 사회로 변해야 할 시기가 온 것이다. 이를 물질적 조건이 역사의 진보를 가져온다고 해서 '역사적 유물론'이라고 한다. 어렵게 생각할 것 없다. 그림으로 보자.

이처럼 생산 양식에 따라 사회가 통째로 변화하는 과정을 마르크스는 세 단계로 설명했다. 바로 선사 단계 – 역사 단계(노예제, 봉건제, 자본주의) – 포스트 역사 단계(사회주의, 공산주의)다. 지금부터 각 단계를 따라가며 마르크스의 이론을 좀 더 자세히 살펴보자.

선사 단계에서
역사 단계로 _____

선사 단계는 원시 공산주의 사회라고도 불리는데, 이 자연 상태의 최초 아이디어는 계몽사상가 장 자크 루소에게서 나왔다. 루소가 보는 원시 인류는 다음과 같은 성격을 띠고 있다.

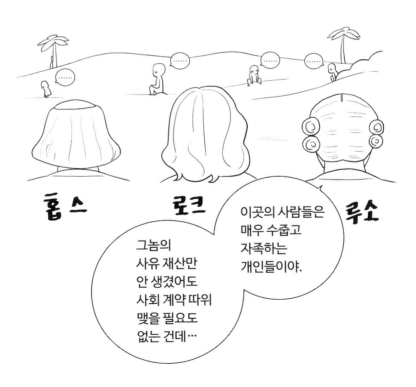

루소의 아이디어를 바탕으로 마르크스는 이 공산 사회가 자연이
라는 생산 수단을 공유해 함께 생산하고 공평하게 분배하는 협력
사회의 성격을 띠고 있다고 보았다.
그런데 어느 순간 생산량이 크게 늘어나면서 사람들은 필요 이상
의 것을 원하게 되었다. 대표적인 것이 토지의 사유화다.

사유 재산은 독점욕에서 출발하며,
이 독점욕은 소통의 부재와 불평등을 야기한다.

사유 재산이 생기면서 인류는 선사 단계에서 역사 단계로 돌입했다. 앞서 봤듯 역사 단계는 다시 세 단계로 나뉜다.

첫 번째 역사 단계는 고대 노예제 사회다. 부족 간 전쟁이나 사회 변동 또는 개인적인 이유로 인류는 같은 인간을 자기 의지대로 부릴 수 있는 노예제에 눈을 뜨게 되었다. 자기가 직접 일하지 않고도 생산할 수 있는 시스템을 만든 것이다. 그들은 노예를 소유물로 여기고 생산물을 모조리 빼앗으며 착취 관계를 맺는다.

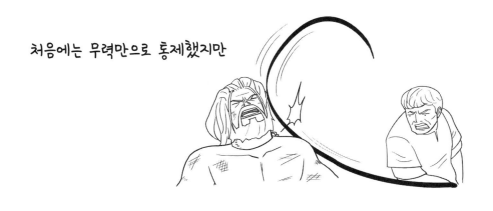

처음에는 무력만으로 통제했지만

이후 신분이 고착되면서
무력 없이도 통제가 가능해졌다.

시간이 흐를수록 노예주主는 점점 더 많은 부를 축적하게 되고 이 부를 기반으로 사회의 지배 계급으로 성장한다. 반대로 노예는 자신의 생산물을 전혀 소유하지 못하고, 그저 생산의 도구로서만 소모된다. 한쪽에서는 계속 부를 빼앗기고, 다른 한쪽에서는 그만큼의 부를 축적하는 시스템이 고착화되면서 계급이 현실화되었다.

노동을 하지만 생산물을 하나도 갖지 못하는 노예 그리고 일하지 않음에도 생산물을 전부 소유하는 노예주의 상황을 가리켜 '계급 모순'이라고 한다. 노예도 이성과 감성, 자유를 품은 인간이기에 이 모순을 그저 묵묵히 견디고 있을 수만은 없다. 우리가 역사 시간에 배운 수많은 노예들의 반란이 이를 증명한다. 바로 계급 갈등이 일어나는 것이다.

도구 파괴부러

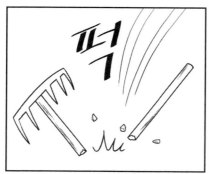

도망

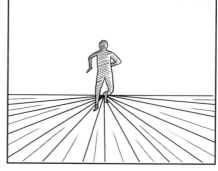

반란까지

비록 노예들의 반란은 성공하지 못했지만 잦은 생산 중단과 노동 의욕 저하, 노동력 상실은 생산량 하락을 가져왔고 이는 노예제 사회의 쇠퇴 원인이 되었다.

이후 나타난 두 번째 역사 단계가 봉건제 사회다. 봉건 사회에서는 토지를 가진 영주와 농사를 짓는 농노가 계급 관계를 맺는다. 봉건 영주가 노예제 사회로부터 배운 교훈은 모든 걸 빼앗지 말라는 것이었다. 숨통은 틔워줘야 극단적인 반항을 하지 않는 법! 이 교훈을 받아들인 봉건 영주는 소유지의 일부를 농노에게 대여하면서 위험 부담을 줄였다.

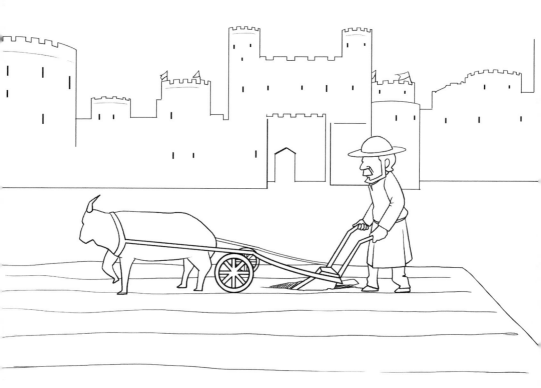

생산량의 일부를 취할 수 있게 된 농노는 약간의 주인 의식을 부려 도구를 개량하고 농법을 개발해 생산량을 늘렸다. 노동의 즐거움, 창조의 역량을 발휘한 것이다. 또한 영주는 노예를 지나치게 억압하거나 착취하지 않았으며 귀족으로서 사회적·도덕적 책임을 다하려고 노력했다. 서양 봉건 사회가 안정을 유지할 수 있었던 비결이었다. 그러나 모순은 예상치 않은 곳에 숨어 있었으니, 바로 상인 계급인 부르주아의 부상이었다.

중세 봉건 사회에서 경제 발전은 부르주아 등장의 원인이 되었다. 귀족들은 농노로부터 나온 생산물과 부르주아의 사치품을 교환했는데, 마침 화폐 시장이 발달하면서 이전보다 사치품을 활발하게 교환할 수 있게 되었다. 그러나 신대륙에서 발견한 노다지 때문에 화폐 공급이 넘쳐났고, 덕분에 화폐 가치가 떨어지면서 일부 귀족은 크나큰 경제적 손실을 입게 되었다.

이처럼 봉건 사회의 생산 양식이 바뀌어가는 과정에서 자본주의가 태동했고, 이후 등장한 절대 왕정과 부르주아 간의 갈등이 새 사회를 탄생시키는 동력이 되었다.

자본주의에 숨어 있는 계급 _____

이제 우리가 잘 아는 자본주의 사회로 넘어가보자. 자본주의 이전에도 교역이 있었지만 이를 주요 경제 활동이라고 보기는 어려웠다. 그러나 18세기 산업혁명으로 잉여 생산물이 쏟아지면서 사람들은 남이 만든 물건을 획득하기 위해 노동을 하게 되었다. 비로소 상품 경제가 시작된 것이다.

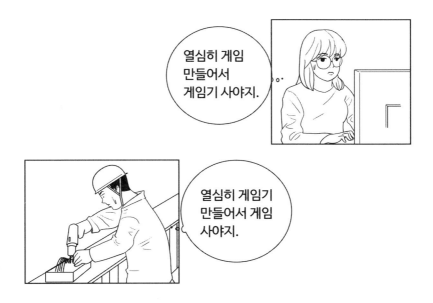

자본가가 되는 법!

  자본금으로 땅을 사고

  공장을 짓고

기계를 들이고

임금 노동자를 고용한다.

자본주의에서는 자본가가 노동자와 계급 관계를 맺어 주요 생산 활동을 한다.

자본주의 사회는 노예제나 봉건제 사회와 달리 신분적 예속이 없다. 노동자는 노동력이라는 상품을 시장에 내놓고 자유롭게 계약할 뿐이다. 자발적인 교환 관계이기에 표면적으로는 별 문제가 없어 보인다. 그러나 마르크스는 이 안에 드러나지 않은 강제와 착취가 숨어 있다는 것을 포착했다.

노동자에게 자유?
일자리를 구하지
못하면 굶어죽을
자유를 말하는 건가?

그렇다. 마르크스는 생산 수단이 없는 임금 노동자는 노동력을 자본가에게 팔아야만 생계를 유지할 수 있고, 반대로 자본가는 자본, 토지, 기계, 원료 등 생산 수단을 갖고 있다는 이유로 노동자를 억압할 수 있는, 보이지 않는 예속 관계가 존재한다고 분석한 것이다.

그들이
착취하는 방법 _____

그렇다면 이제 자본가와 노동자가 어떤 관계를 맺는지 살펴보자.
자본가는 생산 수단을 소유하고 있지만 그것만으로는 상품을 만
들 수 없다. 반드시 노동자를 고용해 상품을 생산하게 하고 그것을
팔아 이윤을 남겨야만 한다.

먼저 자본가는 노동력을 살 때 미리 치밀한 계산을 해둔다. '어떻게 하면 자신에게 유리하게 계약을 체결할 수 있을까? 어떻게 하면 남는 장사를 할 수 있을까?'를 염두하면서.

사실 임금 10만 원만큼의 일을 하려면 네 시간 동안 1,000개만 만들면 된다.

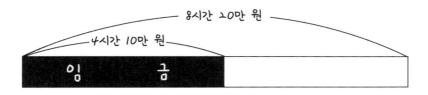

하지만 자본가는 자신의 이익을 위해 노동자에게 두 배를 더 생산하게 한 뒤 나머지를 취한다.

마르크스는 임금만큼 생산하는 데 드는 시간을 '필요 노동 시간'이라 하고, 자본가 개인의 이익을 위해 추가로 일하는 시간을 '잉여 노동 시간'이라고 칭한다.

필요 노동 시간	잉여 노동 시간

↳→잉여 가치

정리하면 노동자는 자신의 임금에 해당하는 노동 시간을 충족하고도 자본가를 위해 더 일해야 한다. 즉, 자본가는 노동자에게 임금을 적게 줄수록, 노동을 오래 시킬수록 더 많은 이득을 취할 수 있게 된다.

자본주의에서의 계급 갈등

노동이
이렇게 힘든 거였나? _____

역사적으로 노동자들은 자본가와의 오랜 투쟁 끝에 법률에 근거한 노동 제한 시간을 확보했다. 이제 예전처럼 자본가가 노동자를 마음껏 착취할 수 없는 세상이 된 것이다. 그러나 그대로 당하고만 있을 자본가들이 아니다.

몇 달 뒤

생각보다
사정이 많이 어렵네.
이제 세 명이서
하던 걸 두 명이서
해야겠는데요?

또 몇 달 뒤

(당신들이 벌어다준 이윤으로)
기계를 들였으니
한 명은 이제 안 나와도
될 것 같아요.

일자리를 잃은 사람도 문제지만 남은 사람은 남은 사람대로 엄청난 강도의 노동을 감당해야 한다. 이제 창의적으로 노동을 하며 즐거움을 찾던 시대는 없다. 노동이란 생존에 필요한 임금을 받기 위해 억지로 참아야 하는 고통이 되었으며, 노동에 매달리는 만큼 삶은 더욱더 비참해졌다.

자본가는 억울하다. 그들이라고 노예제 사회의 노예주처럼 놀고먹지만은 않는다. 자본가란 누구보다 모험가 정신을 발휘해 위험을 감수하고 자기 자본을 투자한 사람이 아닌가. 그들도 자신의 존재를 걸고 열심히 노동을 하고 있다.

- 업무를 표준화해 노동자를 기계처럼 부리기.

- 계속 노동력을 팔아야지만 살 수 있을 만큼의 임금 주기.

- 더 좋은 기계가 나오기 전까지 24시간 3교대 돌리기.

- 생산 기술이 환경을 파괴해도 비용 절감을 위해서라면 책임 회피하기.

- 업무 환경이 노동자의 건강을 해쳐도 모른 척하기.

이들의 노동은 창의적이다. 현대 과학과 공학을 접목해 합리적 방식으로 업무 시스템을 구축하고 관리한다. 즉, 자본가는 생산이 이루어지는 전 과정을 관리하는 '감독 노동'을 실행해 기업이 망하지 않도록 최선을 다하는 것이다. 그들이 부자가 된 것은 자신의 노동에 대한 정당한 대가를 받았기 때문이다. 그러나 마르크스주의적 관점에서 이 창의적 노동은 창의적 착취에 지나지 않는다.

자본가의 이런 행위를 단순히 탐욕으로 해석할 수만은 없다. 마르크스가 생산 양식이 존재 방식을 결정짓는다고 했듯, 자본가는 자본주의에서 살아남기 위해 게임의 룰을 충실히 따랐을 뿐이다. 노동자를 착취하지 않으면 생산 비용이 늘어나고, 그만큼 가격이 높아져 경쟁에서 뒤처진다.

이런 자본가들의 리그에서 살아남은 기업은
점점 더 규모를 키우고 독점 자본이 되어간다.

자본주의의 필연, 공황 ———————

자본주의의 모순은 창의적인 자본가에게서 나온다. 자본가의 끊임없는 이윤 추구는 실업자와 비정규직을 양산한다. 자본가 입장에서는 많이 팔수록 이윤이 커지기 때문에 상품을 많이 만들지만 실업자나 비정규직의 주머니 사정으로는 그 많은 상품을 살 수 있는 여력이 없다. 그렇게 창고에는 재고가 쌓여간다.

자본가의 노동 착취와 과도한 생산이 끊이지 않는 이상 경제 위기는 주기적으로 찾아온다.

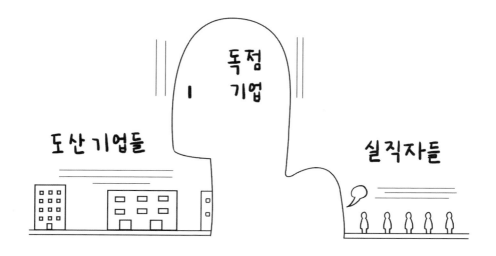

한쪽에는 창고에 재화가 넘쳐나는데 한쪽에는 재화가 없어 난리
다. 기업들은 차례로 도산하고 독점 기업은 점점 덩치를 키운다.
무산 계급인 프롤레타리아 역시 기하급수적으로 늘어난다.

부의 극대화를 추구하는 자본가들의 논리는 주기적으로 찾아오는 공황 앞에서 무릎을 꿇고 말았다. 이에 마르크스는 자본가들이 생산 수단을 사적으로 소유할 어떤 도덕적 권리도 없다고 말하면서 자본주의의 모순을 해결할 방법을 제시한다.

혁명,
그게 정말 가능할까? _____

자본가가 순순히 생산 수단을 내놓지 않을 것이라고 생각한 마르크스와 엥겔스는 체제를 전복할 방법은 프롤레타리아에 의한 혁명뿐이라고 주장했다. 자본가가 '자신의 무덤을 팔 사람들을 창출'하기에 가능한 일이었다.

마르크스와 엥겔스의 혁명론은 프롤레타리아들을 단순히 비참하고 동정받아야 할 존재가 아닌 새로운 세상의 도래를 위해 싸우고, 그 도래한 세상의 주인이 되는 혁명적 존재로 포착했다는 점에서 특별했다.

마르크스와 엥겔스는 특히 임금 노동자 계급이 프롤레타리아 혁명의 선두에 서야 한다고 보았다. 자본가들이 얻는 이윤이 모두 임금 노동자들의 생산에 기대고 있다는 것이다.

노동자 계급이 생산을 멈추면
공장, 교통, 교육 등 사회 체제 전반이 멈추게 된다.

따라서 노동자 계급이 먼저 나서고, 잃을 건 쇠사슬밖에 없는
무산자 계급이 동참해 혁명을 이루어낸다는 것!

와 아 아 아

특히 마르크스와 엥겔스는 노동자 계급이 자신이 착취당하고 있다는 현실을 인식하고, 다른 노동자들과 공통 이해관계를 구축해야 혁명이 이루어진다고 보았다. 그러나 현실은······.

계급 의식 '0'

그도 그럴 것이 당장 먹고살 길이 막막한데 내가 노동자든 혁명의 주체든 그런 게 눈에 들어올 리가 없지 않은가. 자본가의 눈으로 세상을 바라보고 그들이 원하는 대로 행동해도 살아남을까 말까인데, 혁명이라는 거대한 뜬구름을 좇다 보면 쥐도 새도 모르게 책상이 치워지고 거리에 나앉을 수 있는 것이다. 게다가 다른 노동자를 경쟁 상대가 아닌 연대의 대상으로 바라보라니. 그 연대의 대상이 언제 나를 짓밟고 올라가 머리를 조아리게 할지 모르는데 말이다.

그러나 마르크스와 엥겔스는 노동자들이 계급 의식을 갖든 그렇지 않든 착취는 명백한 현실이라고 보았으며, 자본주의 모순이 심화되고 착취 정도가 심해질수록 노동자들의 생활 조건은 평준화되고 동질성도 강해질 것이라고 예측했다.

그리고 한두 군데서 투쟁이나 파업이 일어나면 그 동질성은 더욱 강화된다. 모두가 착취되는 존재로서 자신들에게 집합적 힘이 있다는 사실을 알게 된다는 것. 마치 슈퍼히어로가 자신에게 내재되어 있던 힘을 깨닫고 각성하는 것처럼 말이다.

결국 노동자와 프롤레타리아 모두가 연대해 투쟁에 나서게 될 것이라는 게 마르크스와 엥겔스의 예측이다. 그들에 따르면 파업과 투쟁을 통해 노동자는 일상을 다른 눈으로 바라보게 되고, 자신의 생활을 좌지우지하던 지배 계급과 싸우는 과정에서 주체성을 획득하게 된다.

이렇게 개개의 주체가 하나의 힘으로 응집하면 이 힘이 공장, 교통, 교육 등 사회 전 분야의 생산을 멈춰 자신들의 조직을 운영하는 데 사용되고, 마침내 체제 전복을 이룸으로써 새로운 길이 열리게 된다.

궁극의 노동을
위하여 _____

자본주의는 자연과 에너지를 제어하고 그를 바탕으로 엄청난 생산을 일구어내는 체제다. 마르크스는 자본주의의 이런 강점을 인정한다. 그렇기에 이 생산 방식을 배제하는 것이 아니라 자본주의의 풍요 위에 공산 사회를 건설해야 한다고 주장했다.

다만 엄청난 풍요와 파괴력을 동시에 지닌 이 체제를 개인이 제어하게 두어서는 안 되지.

즉, 마르크스는 개인이 생산 수단을 아무 제한 없이 운용하면서 타인을 고통에 빠뜨리고, 경제 위기를 불러오는 것을 더 이상 반복해서는 안 된다고 본 것이다. 그는 역사의 최종 단계인 공산 사회에서는 생산 수단을 공동으로 관리하며, 민주적이고 계획적으로 경제를 운영할 수 있다고 말했다.

다만 공산주의가 탄생하기 전 이행기라고도 불리는 사회주의 체제 아래에서는 국가 주도로 경제를 운용해야 한다고 덧붙였다.

사회주의에서는 일한 만큼 분배를 받는다. 사람들은 자신의 재능과 사회적 조건에 따라 일하며 노동 간 차별은 없다.

그리고 시간이 지나 국가는 자연히 소멸되고 아나키즘Anarchism에서
말하는 평등과 자유가 최대치인 공산 사회가 등장하게 될 것이다.
이때는 사회주의에서처럼 능력에 따라 일하고 '일한 만큼' 분배받
는 것이 아니라, 능력에 따라 일하고 '필요에 따라' 분배받게 된다.

쌓여 있는 재화 더미에서 필요한 걸 가져가면 되는 사회.

이때의 노동은 자본가를 위한 노동이 아니라 공동체적이고 사회적인 일을 하면서 기쁨을 느끼는 노동, 즉 창조적이며 신나는 노동이 된다.

계급론은 과연 효력을 상실했을까? _____

마르크스의 죽음 이후 많은 시간이 흘렀다. 그 사이 다수의 혁명이 실패했으며, 20세기 말 동구권 사회주의 국가들 역시 줄줄이 무너졌다. 이 일로 마르크스주의는 급격하게 힘을 잃게 되었다.
그러는 사이 자본주의는 더욱 발전했고, 혁명의 주체라 여겼던 노동자 계급은 돈을 최고의 가치로 여기게 되었다. 그들에게서 혁명의 기운을 발견하기는 거의 불가능하다. 사회 갈등이나 정치 투쟁은 계급이 아닌 사회 운동이라는 형태로 나타나고 있다.

그뿐인가? 혁명에 대한 대중의 태도도 회의적이다. 특히 개인의 노력이나 성취가 오로지 혁명이라는 대의로 모아지고, 자신이 집단으로 정체화된다는 사실에 거부감을 느낀다. 또한 19세기 산업 노동자가 주를 이루던 시기와 달리 현대에는 정신노동을 비롯한 다양한 종류의 노동 형태가 생겨났기 때문에 그들을 하나의 계급으로 묶는 일도 현실적으로 어렵다.

같은 노동자지만 파업하는 동료들을 손가락질하고, 노동조합 역시 그들의 활동이 정규직과 비정규직에 다르게 적용된다는 점을 비판받는다. 이러한 이유로 많은 사회학자들은 마르크스의 계급론보다 막스 베버의 계층론에 더 큰 매력을 느낀다. 또 마르크스주의 계급 운동은 다양한 사회적 약자들을 오직 계급으로 환원한다는 한계에 부딪혔으며 마르크스주의 안팎으로 대대적인 수정을 요구받고 있는 상황이다.

그럼에도
계급! _____

이러한 다양한 비판에도 불구하고 마르크스주의자들은 마르크스가 예견한 사회와 지금의 사회가 크게 다르지 않음을 직시해야 한다고 말한다.

전지구적 시장 경쟁이 낳은 폐해

날로 심해지는 빈부 격차

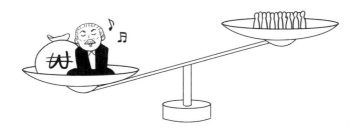

또 마르크스주의에 따르면 자유주의적 시민이라는 보편적 정체성은 지배 계급이 주입한 환상에 불과하며, 사회 공공성이라는 개념은 2차 세계대전 이후 서유럽에서 나타난 계급 타협의 결과일 뿐이다. 또 사회 복지 역시 비스마르크식 가부장적 국가 온정주의일 뿐 자본주의에서 한치도 벗어나고 싶지 않은 이들의 핑곗거리에 불과하다.

마르크스주의자들은 "비정규직의 열악한 노동 조건은 정규직의 이기주의 때문이며, 강성 노조 때문에 경제 위기가 도래한다"는 주장은 자본가의 논리에 지나지 않는다고 일축하며, 노동자 계급 내에서 일어난 갈등 역시 결국 계급 의식으로 극복해야 할 문제라고 여긴다.

장시간 노동으로 괴로운 육체/정신 노동자들

 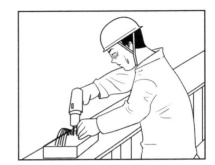

마르크스주의자들은 노동 형태의 다양화 역시 근본적인 착취 관계 속에서 바라보면 크게 다르지 않다고 말한다. 마르크스가 산업 노동자들을 강조했던 것은 19세기 당시 노동자들이 대부분 육체 노동에 종사하고 있었기 때문이지 특정 노동자만 지칭한 것은 아니라는 것이다.

마지막으로 계급 환원 비판 역시 마르크스주의자들은 오해에서 비롯됐다고 말한다. 차별로 인한 분열로 이득을 얻는 사람은 지배 계급밖에 없기에 모든 노동자 계급이 정체성 운동에 연대해야 한다는 것이다. 폭넓은 급진적 운동 속에서 시너지를 낼 때 계급 없는 사회, 차별 없는 평등 사회로 나아갈 수 있다는 의미다.

"게이들의 권리는 주장하면서도, 다른 사람의 권리는 지지하지 않는다면 무슨 소용이 있겠어요? 노동자의 권리는 주장하면서도, 여성의 권리는 지지하지 않는다면요? 이건, 비논리적인 거죠."

"복지 센터에 깃발이 하나 있어. 그 깃발에는 손을 맞잡은 모양의 그림이 새겨져 있지. 두 개의 손이 의미하는 건 네가 날 지지하면, 나도 널 지지한다는 거야. 네가 누구든, 어디에서 왔든, 손을 맞잡을 거라는 의미지."

- 영화 〈런던 프라이드〉 중

결국 마르크스주의자들은 자본주의라는 꼼꼼하고 복잡한 체제, 다양하게 얽혀 있는 이해관계의 실타래를 하나하나 풀기보다는 계급 간 착취를 끊어내는 것이 보다 근본적인 해결책이라고 믿는다.

과연 비판자들의 지적처럼 마르크스주의 계급론은 유효 기간이 지난 것일까? 아니면 마르크스주의자들의 주장처럼 공산주의는 아직 오지 않은 미래이며, 더 나은 실패를 거듭해 마침내 도착해야 하는 유토피아인 것일까? 마르크스가 《포이에르바하에 관한 테제》에 썼던 문장에서 힌트를 찾을 수 있을 것이다.

철학자들은 다양한 방식으로 단지 세계를 해석했다. 하지만 중요한 것은 세계를 변화시키는 것이다.

즉, 마르크스주의에 변혁의 힘이 정말 있다면 그가 《정치경제학 비판을 위하여》 서문에 쓴 것처럼 언젠가 "인간 사회 전사前史가 끝날 것"이고, 그게 아니라면 전사에 머무르거나 전혀 다른 종류의 책을 펼쳐보게 될 것이다.

05

공공의 것을 위하여

- 공화주의

대한민국에 사는 성인이라면 헌법 전체는 아니더라도 제1조 1항 정도는 잘 알고 있을 것이다. 바로 이 문장이다. "대한민국은 민주 공화국이다." 집회에 참여하거나, 민주 시민으로서 주권이 위태롭다 싶을 때 암행어사 마패 꺼내듯 뱉어내는 말인 동시에 왠지 이 말을 내뱉는 순간 시민으로서 내 존재의 확고한 토대가 생기는 것 같아 든든하다. 그런데 여기서 말하는 '민주'와 '공화'는 각각 무엇을 의미할까?

'민주'는 권력의 주체가 국민이라는 뜻이며

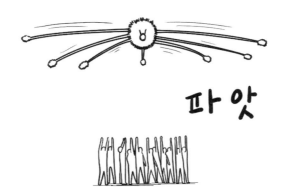

'공화'는 이 권력이 모두를 위해
공평하게 쓰여야 한다는 것을 의미한다.

이 두 개념은 합성명사로 헌법에 적힐 만큼 친한 사이처럼 보이지만, 사실 견제 관계일 때 더 빛을 발한다. 권력의 공평함을 강조하는 '공화'가 상대적으로 다수를 중시하는 '민주'를 견제하지 않으면 민주는 다수결이라는 원리를 방패 삼아 소수를 억압할 수 있기 때문이다.

이처럼 더 나은 민주주의를 위해, 또 바람직한 공동체를 위해 없어서는 안 될 것이 바로 공화적 가치다. 이 때문에 역사적으로 '공화'를 이론화하려는 움직임은 항상 있어 왔고, 이 과정에서 많은 정치적 아이디어들이 쏟아져 나왔다. 그리고 이 아이디어를 통틀어 '공화주의'라고 부른다.

신자유주의로 양극화와 각자도생이 심화되고 있는 현대에 이르러 공화주의가 다시금 주목받고 있다.

아리스토텔레스와 키케로의 공화주의 _____

공화주의를 실현하려는 국가를 우리는 '공화국'이라고 부른다. 이 '공화국'이라는 단어는 로마의 정치가 키케로Cicero, Marcus Tullius가 국가를 '공공의 것res publica'이라고 정의한 데서 출발했다.

공화국은
'인민의 것'이다.

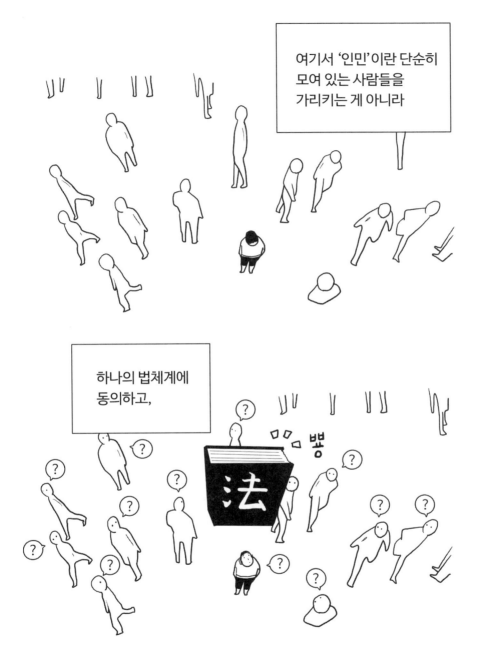

함께 공동선을 추구하는 사람들을 말한다.

키케로의 이러한 생각은 아리스토텔레스로부터 영감을 받은 것이다. 아리스토텔레스는 인간을 '폴리스Polis 안에서 자신의 목적을 실현하는 정치적 동물'로 봤는데, 여기서 목적이란 공공 영역에서 선한 실천을 통해 자기완성을 실현하는 행위를 말한다.

지배하는 자가 지배받고
지배받는 자가 지배하는
동등한 인간끼리
인간의 본성을 실현하는 일을
'덕'이라고 한다.

그리고 아리스토텔레스와 키케로는 공화주의를
가장 잘 구현할 정치 체제로 '혼합정'을 꼽았다.

그리고 키케로는 로마 공화국이야말로 바로 이
혼합정을 가장 이상적으로 구현한 공동체라고
보았다.

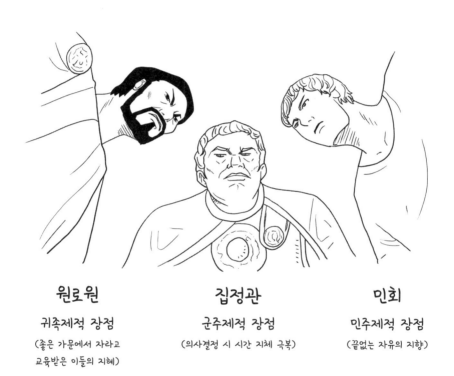

원로원

귀족제적 장점

(좋은 가문에서 자라고
교육받은 이들의 지혜)

집정관

군주제적 장점

(의사결정 시 시간 지체 극복)

민회

민주제적 장점

(끝없는 자유의 지향)

앞선 세 집단은 공익을 실현하기 위해 뭉친 이들이었다. 이리저리 선동당하기 쉬운 대중이 아닌 '인민'으로서 자기 가치를 증명하려는 사람인 것이다. 또한 이 세 조직은 이해 관계가 달라 필연적으로 서로를 견제할 수밖에 없었다. 이 때문에 권력이 한쪽으로 쏠리지 않고, 건강한 공동체가 유지될 수 있었다. 로마가 오랫동안 번영할 수 있었던 것이 바로 이 때문이다.

마키아벨리의 공화주의 _____

아리스토텔레스와 키케로의 공화주의는 중세의 어두운 터널을 지나면서 잠시 그 빛을 잃었다가 르네상스 시기 마키아벨리Machiavelli 에 의해 다시 꽃을 피우게 된다.

마키아벨리는 아리스토텔레스와 키케로의 혼합정론을 계승했지만 거기에 자신만의 사상을 가미해 독특한 공화주의를 만들어냈다. 고전적 공화주의자들이 기대했던 견제와 조화에서 더 나아가 아예 공동체 내부의 갈등을 화끈하게 긍정해버린 것이다.

마키아벨리는 갈등을 최적화하면 공동체가 무너지기는커녕 오히려 활력이 생길 거라고 확신했다. 그리고 활력의 촉매제로 '법'과 '토론'을 꼽았다.

우리 피렌체는 토론은커녕 귀족과 인민이 서로를 힘으로 누르는 방법밖에 알지 못하고

늘 같은 생각을 가진 사람들끼리만 무리지으며, 승자독식만을 유일한 공존 논리로 삼고 있어.

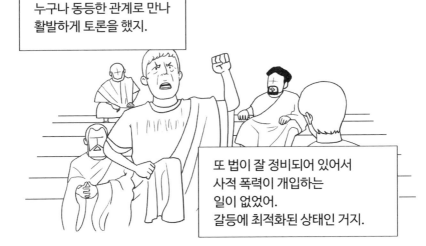

반면 로마는 공적 공간에서 누구나 동등한 관계로 만나 활발하게 토론을 했지.

또 법이 잘 정비되어 있어서 사적 폭력이 개입하는 일이 없었어. 갈등에 최적화된 상태인 거지.

마키아벨리는 법이 갈등을 최적화해주는 역할
외에 시민을 자유롭게 해준다고도 믿었다.

법이 시민들의
나쁜 욕구를 제어하는
곳만이 자유로운
나라라고 할 수 있어.

반대로 법을
무시할 수 있는
특정 시민이 있다면
자유로운 나라가
아니겠지?

하지만 법 제도가 탄탄하게 마련되어 있다고 해서 반드시 공화국이 원활하게 운영되는 것은 아니다. 제도를 운용하는 것은 결국 사람이기 때문이다. 법을 만들거나 판결하고 집행하는 이들이 부패해 있다면 아무리 잘 만든 법도 무용지물이 되고 만다. 그래서 마키아벨리는 아리스토텔레스가 말한 덕성, 다른 말로 '시민 의식'이 공동체를 지탱하는 기반이 되어야 한다고 주장했다.

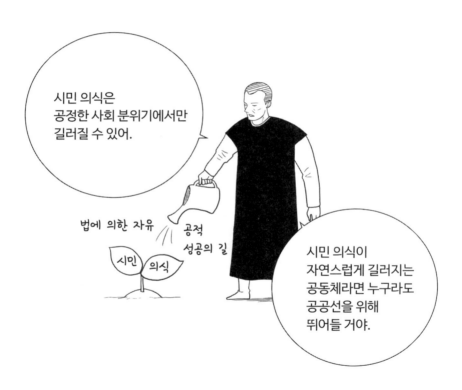

마키아벨리는 이처럼 법에 의한 시민적 자유가 확보되고 누구나 차별 없이 공적 성공을 이룰 수 있다면, 이민자들이 유입됨과 동시에 출생률이 증가할 것이고, 그에 따라 시민군軍도 늘어날 것이라고 주장했다.

마키아벨리는 이렇게 공화주의가 원활히 작동할 때 피렌체가 직면한 문제들을 해결할 수 있을 거라고 보았다. 즉, 공동체 내부의 갈등을 공적 공간으로 모조리 끄집어내어 법과 토론으로 해소하고, 갈등이 긴장과 발전 그리고 상승 작용으로 이어지도록 시민 의식을 함양해야 한다는 것이다. 이처럼 그는 종족적 공동체가 아닌 시민 의식을 기반으로 한 자유 공동체를 꿈꿨다.

한나 아렌트의
공화주의 _____

마키아벨리에 의해 꽃피운 공화주의는 근대 자본주의에 접어들면서 다시 그 기운이 급격히 사그라들고 만다.

마키아벨리는 고대 로마사회에서 공화주의가 꽃필 수 있었던 이유를 재산의 많고 적음이 아니라 공동선을 위한 헌신이 사회적 인정으로 직결되어서라고 보았다. 그러나 근대에 들어서면서 공동선을 위한 헌신은 헌신짝처럼 내버려졌다. 자본주의 사회에서 근면과 성실을 투여해 얻어내야 할 최고의 가치는 공동선이 아니라 개인의 '부'이기 때문이다.

Poor   Middle   Rich

그렇게 공화주의는 역사 속으로 사라지는가 싶었다. 그러나 20세기 중후반 전체주의가 세계를 한차례 휩쓸고, 공동체 가치가 붕괴되면서 지식인들 사이에서 공화주의가 다시금 논의되기 시작했다.

란 새로운 이론이 과거 이론을 대체하면서 전개되는 것이 아니라, 망각된 사상과 주제를 새롭게 다듬어가면서 발전한다고 말한다. 즉, 공화주의가 다시 학문의 전면에 나선 일이 새삼스럽지 않다는 것이다. 그리고 현대 공화주의의 최전선에는 철학자 한나 아렌트 Hannah Arendt가 있었다.

272

한나 아렌트는 전체주의가 등장한 것은 개인주의적 자유주의 때문이라고 보았다. 쉽게 말해 사적 영역이 공적 영역을 삼켜버리면서 역사적 비극이 일어났다는 것. 그녀는 이런 비극이 반복되지 않기 위해서는 사적 영역에서 벗어나 다시 공동의 삶이 있는 세계로 진입해야 한다고 주장한다. 다시 말해, 함께 살아가기 위한 '공적 영역'을 활성화시킴으로써 인간성을 회복해야 한다는 것이다.

인간의 활동은 노동, 작업, 행위 세 가지 형태로 구분할 수 있다.

'노동'은 생명을 유지하기 위해
자연과 씨름하는 일이며,

'작업'은 자연물을 변형시켜
유용한 물건을 만드는
제작 혹은 예술 활동을
가리킨다.

반면 '행위'는 노동, 작업이 추구하는 유용성이나 목적성과 달리
그저 여러 사람들과 무언가를 시작할 수 있는 능력을 말한다.

응? 노동, 작업 말고
뭐가 또 있다고?

아이
히만

한나 아렌트에게 진정한 정치적 자유는 무언가를 새롭게 시작하는 능력에서 나오는데, 이 '행위'는 공적 공간에서 이루어진다.

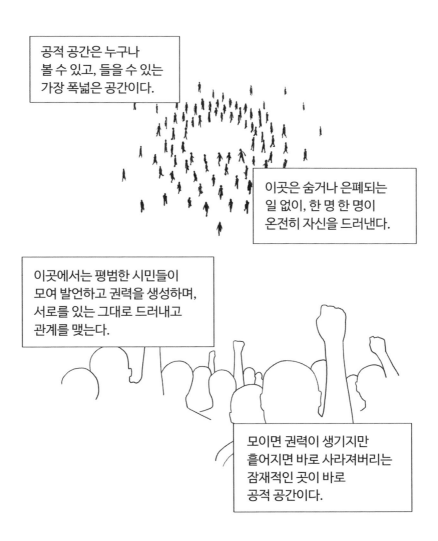

공적 공간은 누구나
볼 수 있고, 들을 수 있는
가장 폭넓은 공간이다.

이곳은 숨거나 은폐되는
일 없이, 한 명 한 명이
온전히 자신을 드러낸다.

이곳에서는 평범한 시민들이
모여 발언하고 권력을 생성하며,
서로를 있는 그대로 드러내고
관계를 맺는다.

모이면 권력이 생기지만
흩어지면 바로 사라져버리는
잠재적인 곳이 바로
공적 공간이다.

하지만 앞서 말했듯이 근대 자본주의에 이르러 공적 공간은 아무도 찾지 않는 한겨울 놀이터처럼 돼 버렸다. 오로지 사적인 공간만이 인간사의 모든 영역을 지배하게 된 것이다. 행위의 공간이 사라지고 노동과 작업만이 그 자리를 채우게 된 이 현상을 아렌트는 '사회적인 것'의 등장으로 보았다.

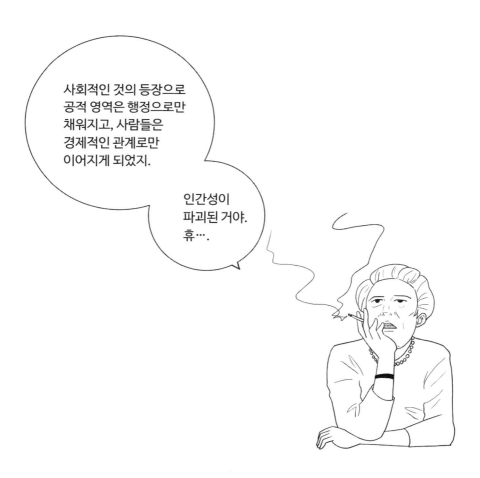

사회적인 것의 등장으로 공적 영역은 행정으로만 채워지고, 사람들은 경제적인 관계로만 이어지게 되었지.

인간성이 파괴된 거야. 휴….

전체주의가 바로 이러한 인간성 상실을 토대로 나타났다는 것이 아렌트의 분석이다. 만약 서로 얼굴을 대면하는 공적 영역이 활성화되었다면 유대인을 차별하고 무참히 학살하는 끔찍한 일이 법이라는 이름을 달고 통과될 수 있었을까? 나와 남을 함께 생각했다면 결코 일어나지 않았을 사건이 분명하다.

그렇다면 전체주의가 감히 발붙이지 못할 만한 공동체란 무엇을 의미할까? 아렌트가 말하는 진정한 공동체란 '나'에게 공적 행위를 기대하는 사회다. 다시 말해 사람들이 스스로 '나의 말과 행위에 사회의 명운이 달려 있다'라고 생각하는 것이다. 누군가에게는 이것이 자의식 과잉이나 과도한 정치적 올바름political correctness으로 비춰질 수 있겠지만, 사실 이것이야말로 공화주의가 제공하는 사회적 상상이며, 시민을 위한 최고의 정치적 선물일지도 모르겠다.

아렌트는 또한 공론장에서 잊지 말아야 할 것 한 가지를 당부하는데, 공론장 안에서만큼은 모두를 '정치적으로' 평등하게 만들어야 한다는 것이다.

공론장에 나타나지
못하는 사람이
있어선 안 돼.

'타자에게 보여지고
들려지는 경험'을
당한 사람들은
'장소를 박탈당한
사람들'과 같아.

공적 공간에서 사람들은 서로를 유용성이나 이용 가치로 판단하지 않는다. 직업이나 연봉, 장애 유무, 성별 등의 척도로 환원하는 것이 아니라 있는 그대로의 존재로 받아들인다. 세계가 모든 이들에게 열려 있다는 것을 인정하기 때문에 가능한 일이다.

이처럼 아렌트가 바라보는 공적 영역은 정치 과잉의 공간이 아니며, 반대로 국가 기구에 순종하는 곳도 아니다. 그곳은 서로의 사회적 거리를 인정한 채 언행으로 연대하는 곳이다.

공동체주의자들의
공화주의 _____

한나 아렌트의 이러한 생각은 20세기 후반 공동체주의자들에게로
이어진다. 그들 역시 아렌트와 마찬가지로 아리스토텔레스의 공
동체적 인간형을 강조했다.

"인간에게는 함께 추구해야 할 공통의 좋은 삶이 있다!"

찰스 테일러   마이클 샌델   마이클 왈저
Charles Taylor   Michael Walzer

공동체주의자라는 낯선 말에 당황하지 말자. 세계적인 베스트셀러 《정의란 무엇인가》를 펴낸 마이클 샌델이 대표적인 공동체주의자다. 원래 아이돌에 입덕할 때도 눈에 띄는 '최애' 한 명만 알면 나머지 멤버에 대한 애정은 서서히 번져가는 법이다. 그런 의미에서 익숙하지 않은 멤버의 말에 귀를 한번 기울여보자.

찰스 테일러. 그는 공동체적 삶을 논하기 앞서 현대 사회의 불안 요소를 세 가지로 꼽았다.

첫 번째는 '개인주의'다. 스스로 삶을 개척하고 신념과 양심에 따라 자신의 행동을 책임지는 개인주의는 인간을 모든 전통으로부터 분리시켰다. 그래서 사람들은 세상에 믿을 것은 오직 나뿐이며, 내가 해야 할 일 역시 오로지 나에게 집중하는 것이라고 생각한다.

그러나 자신의 의지만으로 그 고독한 삶을 유지하는 데에는 한계가 있다. 모든 관심이 바깥으로 향하지 않고 오로지 나의 내면에만 집중되니 고독이 찾아오고 점점 삶에 대한 의미를 상실하게 된다. 자연스럽게 사람들은 일상의 작은 기쁨에만 집착하게 되고 다른 이와 더불어 살아가려는 의지를 잃게 된다. 이를 가리켜 테일러는 마음의 감옥에 갇혀 있는 상태라고 표현했다.

두 번째는 '이성'이다. 오늘날 자유주의는 인간의 이성을 강조한다. 그런데 이 이성은 덕이 아닌 효율만을 추구하는 '도구적 이성'에 가깝다. 가치가 아닌 목적을 추구하는 도구로 이성이 쓰이면 개인의 쾌락은 늘어날지 몰라도 세상은 더욱 각박해진다. 테일러는 이러한 도구적 이성이 삶을 조작 가능한 것으로 인식하게 했으며, 평준화된 삶만을 살도록 추동했다고 본다.

마지막은 '자유의 상실'이다. 타이트한 기업의 생산 라인에 따라 사는 인간은 그 기준에 맞춰 움직일 수밖에 없다. 만약 컨베이어 벨트의 박자와 속도에 적응하지 못할 경우 곧바로 퇴출당하기 때문이다. 물론 사람들은 이런 가혹한 환경을 개선하기 위해 정치에 참여하지도 않는다. 자기에만 집중해오던 습성 때문이다.

도구적 이성을 다루는 데 최강자.
견제 대상 없음 ⟶

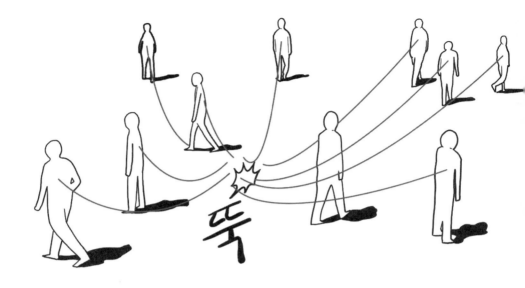

뚝

테일러는 이를 '온건한 독재'가 반복되는 사회라고 진단했다. 테일
러가 분석한 이러한 사회에서 형성된 자아를 마이클 샌델은 공동
체와 동떨어진 '무연고적 자아'라고 규정한다. 그는 타인과의 연대
도 없고, 욕망의 가치 판단도 이뤄지지 않는 이런 사회에서 사람들
은 굳이 좋은 동료, 좋은 가족, 좋은 친구가 되려고 하지 않는다고
한탄한다.

또한 샌델은 자유주의가 가치 중립을 지나치게 강조한 나머지 공론장에서 해결되어야 할 도덕적 문제들을 회피해 무기력한 공공 철학을 낳았다고 보았다.

이렇게 회피된 문제들은 사실 누군가에게는 실존이 걸려 있는 문제이며, 회피된 곳에는 근본주의자들이 오히려 목소리를 높여 적극적 배제와 차별을 행한다. 이렇게 배제된 당사자들은 한나 아렌트의 말처럼 '장소를 박탈당한' 이들이 되는 것이다.

그렇기 때문에 샌델은 회피되고 있는 문제들을 다시 공론장으로 불러들여 공적 언어와 논증을 통해 더 나은 답을 찾아가야 한다고 주장한다.

이처럼 샌델은 시민적 덕성을 갖춘 이들이 동료 시민들과 함께 공동체의 운명을 결정해나가는 삶을 최고의 가치로 여긴다.

적극적 자유에 대한 반론

서구 계몽주의 이후로 인간은 자연권의 주체라는 인식이 널리 퍼졌다. 자연권을 지닌 인간이란 곧 자유로운 존재라는 것을 의미하는데, 자유로운 존재란 자신의 삶을 자기 뜻대로 영위하면서 스스로의 행복을 추구할 수 있는 상태를 말한다.

나는 내가
어떻게 살지
양심에 따라
스스로 결정하며,
그 책임 또한
오롯이 내가 진다.

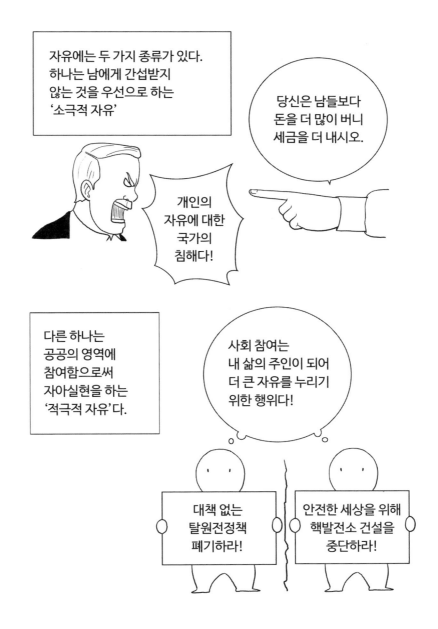

공화주의가 강조하는 자유는 당연히 후자인 '적극적 자유'다. 그런데 이런 공화주의적 자유에 전체주의 씨앗이 심어져 있다고 분석한 이가 있었으니 바로 현대 정치사상 학계에 '자유'라는 뜨거운 화두를 던진 이사야 벌린Isaiah Berlin이다.

벌린에게 '적극적 자유'란 자아를 두 개로 분리해 사유하던 습성이 만들어낸 오류에 지나지 않는다. 즉, 우월한 것이 열등한 것을 지배하게 두는 전통이 이런 오류를 만들어냈다는 것. 쉽게 말해 정신이 육체를 또 이성이 감성을 지배하는 자아 분리의 습관은 제도, 교회, 민족, 인종, 계급, 정당, 공동선 등을 개인보다 우위로 두는 권위와 억압의 교설이 되었다는 것이다.

벌린에 따르면 삶의 모든 영역에서 자행되는 강제적 억압은 어떤 미사여구를 붙여도 결국 자유의 침해에 지나지 않는다.

불평등과 빈곤을
해결한다는 목적
또는 공동체의 정의를
위한다는 목적으로
개인의 자유를 포기하라는 것은
결국 자유의 상실이지
또 다른 자유의 성취는 아니다.

아무리 좋은 목적이라도 강제는 강제일 뿐이지 '적극적'이라는 수식어를 붙여 정당화하는 것은 그저 말장난에 불과하다는 것이다.

자의적 지배를
제거하기 _____

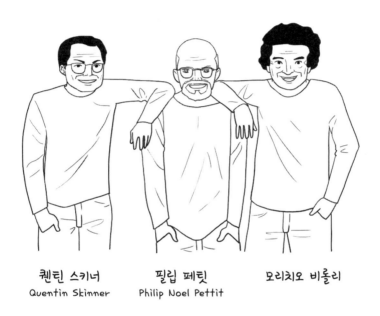

이사야 벌린의 자유와 공동체주의자들의 자유가 한창 경합을 벌이고 있을 무렵, 공화주의 진영에서는 신흥 세력이 새 바람을 일으키고 있었다. 소극적 자유론도 적극적 자유론도 아닌 제3의 자유론을 보여주겠다며 나선 이들이었다.

이 셋 중에는 마이클 샌델처럼 익숙한 이름이 보이지 않는다. 그러나 실력 있는 신인 아이돌이라면 금세 눈에 익는 법이니 애정을 갖고 그들의 사유에 귀를 기울여보자.

이들은 벌린과의 본격적인 대결에 앞서 자신들과 공동체주의자들 사이에 명확한 선을 긋는다. 공화주의의 진짜 핵심은 시민 윤리가 아니라 독특한 자유론에 있으며, 공동체주의자들의 열정은 자칫 도덕 과잉을 초래할 수 있다는 것이다. 즉, 이들에게 공화주의를 관통하는 메인 테마는 공화주의표 자유론이다.

그럼 이들이 그토록 강조하는 제3의 자유란 무엇일까?

바로 '자의적 지배'로부터의 자유를 의미한다.

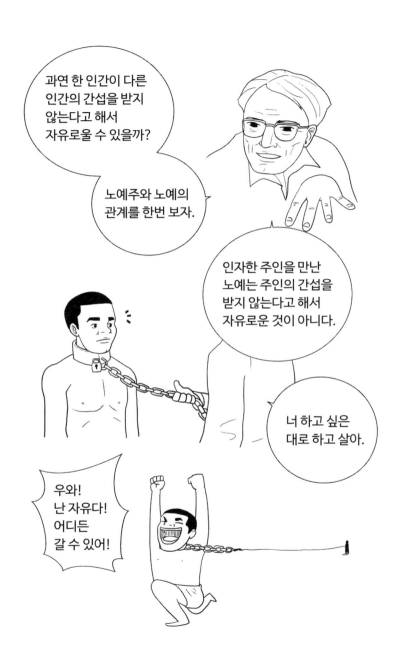

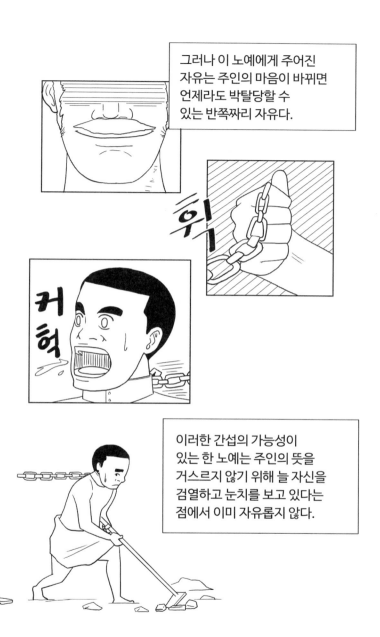

그러나 이 노예에게 주어진 자유는 주인의 마음이 바뀌면 언제라도 박탈당할 수 있는 반쪽짜리 자유다.

이러한 간섭의 가능성이 있는 한 노예는 주인의 뜻을 거스르지 않기 위해 늘 자신을 검열하고 눈치를 보고 있다는 점에서 이미 자유롭지 않다.

키케로를 위시한 로마 정치사상가들은 왕이 정한 법 아래에서 사는 인민 역시 노예의 처지와 다르지 않다고 보았다. 그들은 공화국을 누구에게도 지배받지 않는 자유로운 인민이 통치하는 곳이라고 정의했는데, 공화주의의 전통을 로마법과 로마 정치사상가들로부터 찾으려 했기 때문에 이들을 '신로마 공화주의자'라고 부른다.

신로마 공화주의자들은 어떤 누구도 다른 이를 지배할 수 없는 시스템에서만이 비로소 인간이 자유로울 수 있다고 보았다. 공화주의적 자유란 그 누구의 눈치도 보지 않는 마음의 안정 상태를 의미하기 때문이다.

신로마 공화주의자 필립 페팃은 공동체 구성원들이 함께 심의하고 동의했다면 법으로부터의 간섭은 자유를 침해하는 것이 아니라 여긴다.

공화국은 인간이 아니라 법이 지배하는 곳이야. 우리가 중요하게 생각하는 것은 인간의 자의적인 지배를 없애는 거지.

페팃은 자유주의적 자유론이 적극적 자유를 등한시하고 사적 자유의 확장에만 몰두한다면, 언젠가 그 사적 자유마저 누릴 수 없을 것이라고 경고한다. 모두가 사적 자유만을 추구하며 각자도생할 때 자의적 권력이 유유히 들어설 공간이 생기기 때문이다.

그러므로 신로마 공화주의자들은 사회 내에서 어떤 자의적 지배도 일어나지 않도록 법이 제정되어야 한다고 주장한다. 다시 말해 남녀 관계, 고용 관계 등에서 힘 있는 자들의 지배가 발생하고 있지 않은지 면밀히 조사해야 한다고 보는데, 이런 지배 관계는 비롤리가 제시한 비근한 예에서 찾아볼 수 있다.

여성이 남성 연인의
폭력에 노출되어 있는 경우

노동자가 고용주의 횡포 아래에 있는 경우

젊은 학자의 미래가 연구 성과가 아닌
선배 학자의 변덕에 달린 경우

시민이 검사의 자의적 말 한마디에
언제라도 감옥에 갈 수 있는 경우

이런 사례들이 직접적 지배 관계에 놓여 있거나 또는 간섭은 없더라도 자의적 지배에 예속된 상태라고 할 수 있다. 이러한 지배자들혹은 지배 구조는 반드시 법의 통제를 받아야 하며, 공화국 내에서는 이러한 예속 관계를 잡초 뽑아내듯 꾸준히 제거해야 한다.

자의적 지배에서 해방되면 개인은 각자가 추구하는 가치대로 살아갈 수 있다. 신로마 공화주의는 특정한 삶의 방식, 특정한 자아를 제시하지 않는다. 이들이 주목하는 것은 오직 각자의 자유를 위해 자의적 지배를 제거하는 것뿐이다.

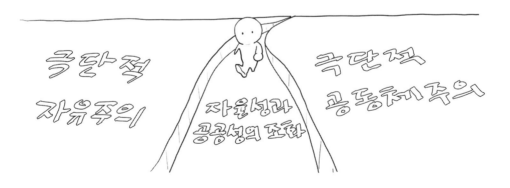

극단적 자유주의

자율성과 공공성의 조화

극단적 공동체주의

지금까지 역사 속 공화주의의 양상을 살펴봤다. 과연 민주공화국을 표방하고 있는 대한민국은 이러한 공화주의 양식을 잘 실천하고 있을까? 정치적 동물은커녕 기업형 인간으로 살아가지 않으면 낙오되는 사회적 조건, 힘 있는 특정 계층이 법을 간단히 무시할 수 있는 자의적 지배의 건실함, 공론장에 자기의 자리가 마련되어 있지 않은 다수의 사회적 약자들을 보건대 대한민국을 '공공의 것'이라고 부르기엔 다소 무리가 있어 보인다.

국내외 학계나 공공 영역에서 공화주의에 대한 관심이 늘어나고 있는 요즘, 이러한 흐름이 왈저가 말한 자유주의에 대한 단속적 교정에 그치지 않기 위해서는 정책과 제도에 공화주의적 가치가 반영되어야 할 것이다. 나아가 시민들이 재산, 젠더, 학력 등의 차이와 관계없이 동료 시민으로서 유대감을 느낄 수 있다면 헌법에 제시한 민주공화국으로서의 이상에 한 걸음 더 다가갈 수 있을 것이다.

[01]

이정은, 《사랑의 철학》, 살림, 2004

알랭 바디우 저, 조재룡 역, 《사랑예찬》, 길, 2010

앤서니 기든스 저, 배은경 외 역, 《현대사회의 성 사랑 에로티시즘》, 새물결, 2001

에리히 프롬 저, 황문수 역, 《사랑의 기술》, 문예출판사, 2006

에바 일루즈 저, 김희상 역, 《사랑은 왜 아픈가》, 돌베게, 2013

울리히 백·엘리자베트 백 게른샤임 저, 강수영 역, 《사랑은 지독한 (그러나 너무나 정상적인) 혼란》, 새물결, 1999

벨 훅스 저, 이영기 역, 《올 어바웃 러브》, 책읽는수요일, 2012

한병철 저, 김태환 역, 《에로스의 종말》, 문학과지성사, 2015

[02]

고병권, 《화폐, 마법의 사중주》, 그린비, 2005

김이한 외, 《화폐이야기》, 부키, 2013

김찬호, 《돈의 인문학》, 문학과지성사, 2011

마이클 샌델 저, 안기순 역, 《돈으로 살 수 없는 것들》, 와이즈베리, 2012

장 보드리야르 저, 이상률 역, 《소비의 사회》, 문예출판사, 1992

제프리 잉햄 저, 홍기빈 역, 《돈의 본성》, 삼천리, 2011

중국 CCTV 다큐멘터리 〈화폐〉 제작팀 저, 김락준 역, 《화폐경제 1》, 가나출판사, 2014

페르 에스벤 스톡네스 저, 이주만 역, 《화폐의 심리학》, 영진미디어, 2010

[03]

노명식, 《자유주의의 역사》, 책과함께, 2011

박희봉, 〈smith 사상으로 바라본 정부의 역할, 그리고 그 의미〉, 《한국공공관리학보》, 2017

이성구·이유나, 《21세기와 이데올로기》, 대경, 2012
황경식, 《자유주의는 진화하는가》, 철학과현실사, 2006
데이비드 보아스 저, 강위석 외 역, 《자유주의로의 초대》, 북코리아, 2009
폴 슈메이커 저, 조효제 역, 《진보와 보수의 12가지 이념》, 후마니타스, 2010
팟캐스트 〈홍기빈의 이야기로 풀어보는 거대한 전환〉

[04]

강신준, 《그들의 경제 우리들의 경제학》, 길, 2010
김하영, 《오늘날 한국의 노동계급》, 책갈피, 2017
이재유, 《계급》, 책세상, 2008
이진경, 《마르크스는 이렇게 말하였다》, 꾸리에, 2015
임승수, 《새로 쓴 원숭이도 이해하는 자본론》, 시대의 창, 2016
제프리 디스티 크로익스 외, 《계급, 소외, 차별》, 책갈피, 2017
폴 슈메이커 저, 조효제 역, 《진보와 보수의 12가지 이념》, 후마니타스, 2010

[05]

곽준혁, 《경계와 편견을 넘어서》, 한길사, 2010
김경희, 《공화주의》, 책세상, 2009
김상봉·박명림, 《다음 국가를 말하다》, 웅진지식하우스, 2011
연구모임 사회비판과 대안, 《현대 정치철학의 테제들》, 사월의책, 2014
정원규, 《공화민주주의》, 씨아이알, 2016
조승래, 《공화국을 위하여》, 길, 2010
조승래, 《공공성 담론의 지적 계보》, 서강대학교출판부, 2014
모리치오 비롤리 저, 김경희 외 역, 《공화주의》, 인간사랑, 2006
사이토 준이치 저, 류수연 외 역, 《민주적 공공성》, 이음, 2009
김홍중, 〈사회로 변신한 신과 행위자의 가면을 쓴 메시아의 전투: 아렌트의 '사회적인 것'의 개념을 중심으로〉, 《한국사회학》, 2013

한 컷의
인문학

초판 1쇄 발행 2020년 11월 11일
초판 2쇄 발행 2021년 2월 5일

지은이 권기복
펴낸이 권미경
편집 임나리
마케팅 심지훈, 강소연, 김재영
디자인 어나더페이퍼
펴낸곳 (주)웨일북
출판등록 2015년 10월 12일 제2015-000316호
주소 서울시 서초구 강남대로95길 9-10, 201호
전화 02-322-7187 **팩스** 02-337-8187
메일 sea@whalebook.co.kr **페이스북** facebook.com/whalebooks

ⓒ 권기복, 2020
ISBN 979-11-90313-56-8 03100

소중한 원고를 보내주세요.
좋은 저자에게서 좋은 책이 나온다는 믿음으로, 항상 진심을 다해 구하겠습니다.